ソーシャルワーカーになりたい

芦沢茂喜
山岸倫子［著］

自己との対話を通した支援の解体新書

生活書院

まえがき

本書の執筆者である私と山岸さんはソーシャルワーカーの国家資格である社会福祉士または精神保健福祉士を有し、経験年数も一五年を超えました。周りから見ればベテランであり、『ソーシャルワーカーになりたい』というタイトルを見て、奇異に感じる人もいるかもしれません。では、なぜこのようなタイトルを付けたのか？

元々、私達は大学院の同期であり、私は高齢者福祉、山岸さんは障害者福祉を研究テーマにしていました。それぞれ紆余曲折があり、大学院修了後、私は精神保健福祉、山岸さんは生活困窮者支援の現場で仕事を始めました。しばらく会うことがありませんでしたが、五年前に私が暮らす山梨県内で開催された研修会に講師で招かれた山岸さんと再会しました。

月日が経ち、私達は同じように、現場では中堅となり、学生や後輩などにソーシャルワークを伝える立場になりました。ソーシャルワークを伝える立場になり、改めて自分自身はソーシャルワーカーなのかと疑問を持つようになりました。仕事をし、問題が生じていないのであれば、ソーシャルワーカーであると言っていい。そう思うこともできるのかもしれません。でも、私達はそう思うことができませんでした。

私達が仕事を始めた当時、資格創設の前から仕事をしてきた人達が上司・先輩としていました。その人達にとって、現場がすべてであり、その人達の時代は自分達が動かなければ、何もできない時代でした。ソーシャルワークは現場で感じた矛盾などから出発し、本人を取り巻く環境に働きかける具体的な活動でした。

私が主に現場としてきた精神保健福祉では、精神科病院以外に行き場のない長期入院者の資源として、作業所や共同住居などを開設する人達がいました。山岸さんが研究で取り組んだ障害者福祉では、大規模施設での生活を余儀なくされていた重度の身体障害者の地域での生活を支えるために、行政などに働きかける運動を積極的に展開した人達がいました。私達はそのような人達の活動を見ながら、職業生活を始めました。上司や先輩達が話す言葉は、経験からくるものであり、貴重ではあるものの、資格教育を受けてきた私達にとって、時に分かりにくく、上司等が話す言葉を習ってきたソーシャルワークに当てはめた時に、どのように理解すれば良いのかに悩みました。

資格創設から月日が立ち、制度内に資格取得者の業務が明記されるようになりました。私達が仕事をし始めた時に比べ、使える資源の量も多くなりました。資格教育も制度内に明記された業務を遂行する上で、どのように資源を使うのか、制度理解に偏重したものに変わっていきました。私達の下にも後輩が入ってくるようになりましたが、そのような状況下で資格を取り、現場に入ってきた彼らにとって、ソーシャルワークとは自分達が動かなくても、すでにあるもの、決められたものの中で行う業務となっていました。

自分達が動き、勝ち取ってきた上司・先輩の言葉は、若い彼らにとっては現実味のない昔話となり、上世代と下世代の乖離が大きくなってきました。上世代も下世代も、そして私達もソーシャルワーカーになりたいと思い、仕事についたように思います。でも、それぞれがイメージしているものは違う。同じソーシャルワークの話をしていても、噛み合わない。その間に挟まれた私達が仲介し、上手く言葉にできれば良いのですが、それが上手くできない苦しさを私達は感じていました。私達が感じている苦しさに答えてくれる書籍などは見当たらず、私達は自分自身の歩みを題材に文章にすることにしました。それが本書になります。

私達は文章をまとめる上で、大事にしてきたことがあります。私達は仕事をする上で、この人との出会いが自分の人生を変えたと思える人達に出会います。その人達との出会い、関わり、そして関わりの中で私達が何を考え、自分自身とどのような対話をし、どう行動してきたのかを詳しく書くことにしました。

私達の文章はあくまでも私達それぞれの歩みであり、正解を示すものではありません。ロールモデルを示そうとしているわけでもありません。私達の歩みを題材に、様々な人達が自身のソーシャルワークを語り、ソーシャルワーカーになるとはどういうことなのかを一緒に考える契機になれば嬉しい。そんなふうに思います。

芦沢茂喜

ソーシャルワーカーになりたい

自己との対話を通した支援の解体新書

目次

第5章　問題だと思っている人がいて、初めて問題になる

第6章　ただその場にいるだけのソーシャルワーカー

II　その人の世界に出会う——わたしの「世界」とその人の「世界」の接点で

山岸倫子

第1章　わたし、育つ

第2章

わたし、出会う

第3章

わたし、冒険する

第4章

わたしと当事者性

第5章

わたし、かかわる

第6章

彼女－わたし－社会

おもいおもわれ、ー ふりふられ

ソーシャルワーカーになりたい私のものがたり

芦沢茂喜

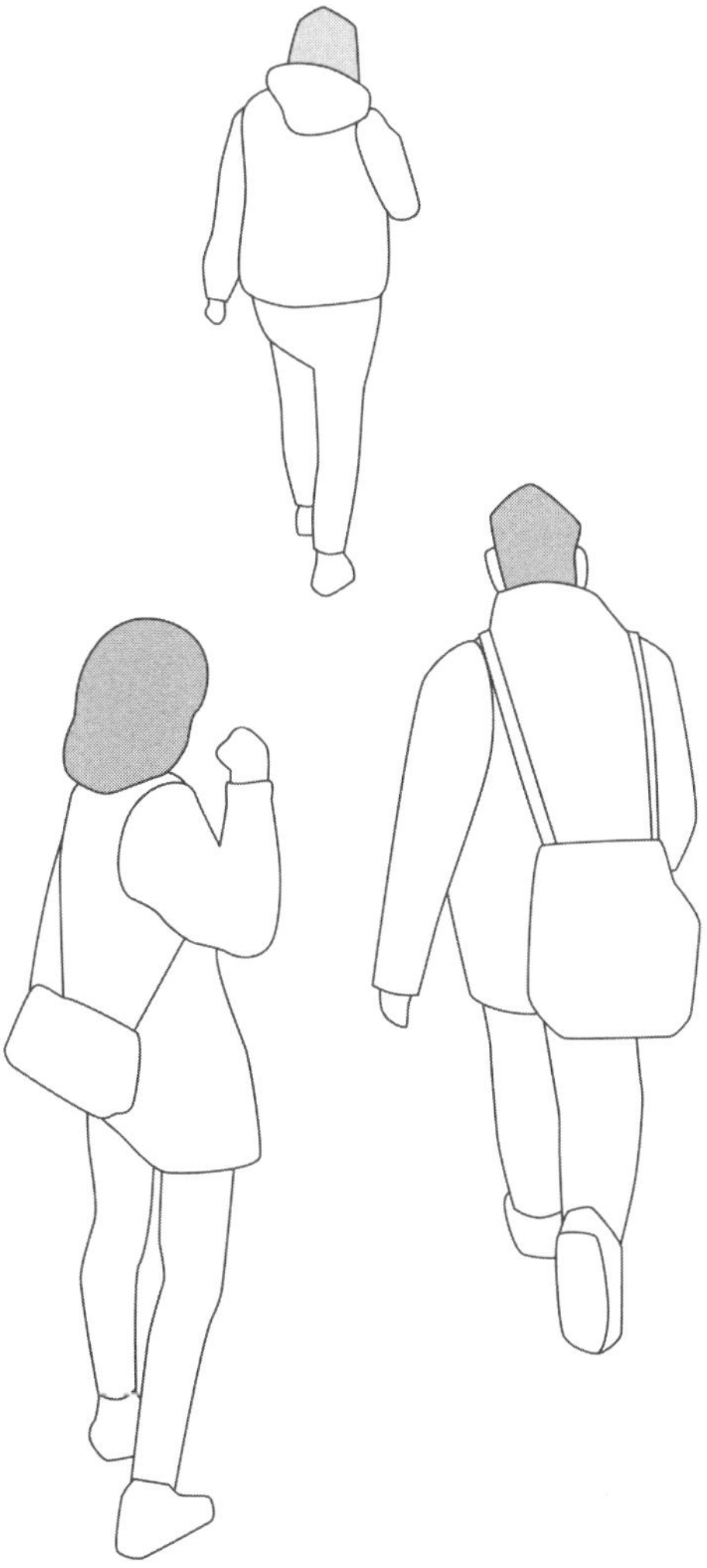

はじめに

二〇〇一年九月一一日、ハイジャックされたアメリカン航空11便が、ニューヨークのワールドトレードセンターに突入した。日本のテレビでも、突入の映像が繰り返し流された。私はその映像を精神科病院の開放病棟のホールで、入院中のタケシさん（仮名）と見ていた。タケシさんは「えらいことが起きたものだ」と呟いていた。

私はこの年の八月から一か月半、国家資格である「精神保健福祉士」の受験資格を取得するために必要な実習に来ていた。精神保健福祉士は一九九七年に誕生した精神保健福祉領域のソーシャルワーカーの国家資格であり、精神保健福祉士法第2条には「登録を受け、精神保健福祉士の名称を用いて、精神障害者の保健及び福祉に関する専門的知識及び技術をもって、精神科病院その他の医療施設において精神障害の医療を受け、又は精神障害者の社会復帰の促進を図ることを目的とする施設を利用している者の地域相談支援の利用に関する相談その他の社会復帰に関する相談に応じ、助言、指導、日常生活への適応のために必要な訓練その他の援助を行うことを業とする者をいう」と規定されている。分かりにくいが、精神障害者の社会復帰に関する相談等に応じる専門職である。

●「病院の子」と呼ばれたタケシさん

私が実習に来たのは、病床数二〇〇床程の精神科病院。急性期の閉鎖、慢性期の閉鎖、慢性期の開放と認知症の四病棟を有しており、多くの患者が一年以上、入院していた。一年というと、長く感じるが、その当時精神科病院では年単位で入院していることは珍しくなく、一〇年、二〇年、長い人では五〇年以上入院している人がいた。事実、二〇〇一年の全国の精神病床の平均在院日数は三七四日であり、一年を超えていた。私と一緒にテレビを見ていたタケシさんも入院歴が五〇年を超えていた。

タケシさんは二〇代の頃に幻覚妄想状態となり、入院。その後、一度も退院せず、入院生活を続け、私が会った時には五二年目の入院生活を迎えていた。タケシさんは坊主頭。歯は入れ歯だが、上手くあわないのか、殆ど入れておらず、日中はベランダでタバコをゆっくり、歯の入っていない口で旨そうに吸っていた。私が通っていた大学では、実習中に一人の患者を担当することになっており、私はタケシさんの担当になった。

タケシさんは、囲碁が得意だった。私は囲碁をしたことがなく、タケシさんに「やったことがないので、分からないです」と話すと、彼は優しく教えてくれた。私が勝つように、わざと負けてくれ、「覚えるのが早いね。やはり若いっていいね」と言っていた。私が一緒にいた一か月半、タケシさんが具合の悪くなるところを私が見ることはなかった。

実習では担当患者のケース記録を作成する必要があった。私はタケシさんのカルテを見せてもらった。入院した理由となった幻覚妄想状態は、もう何十年も出ていなかった。私は主治医に話を聞いた。主治医は「幻覚妄想といった陽性症状はもう出ていない。退院しても良い」と話していた。「退院しても良いのであれば、なぜ、タケシさんは退院できないのですか？」、そう聞いた私に、主治医は「それは私にも分からない。それが分かったら、ぜひ教えて下さい」と話していた。

私は担当看護師に話を聞いた。看護師は「タケシさんの病状は落ち着いている。具合が悪いところを私も見たことはない。でも、退院先がない。ご家族は姉さんがいたけど、三年前に亡くなり、タケシさんの家族は姉さんの息子さんのみ。面会に来ることはなく、姉さんが亡くなったことをタケシさんに伝えに来た時、私達に最後までよろしくお願いしますと話していた。タケシさんは病院の子。仕方ないのよね」と話していた。

「病院の子」。そう話していた看護師は三〇代。自分よりも四〇歳近く年の離れた看護師にそう言われるタケシさん。「タケシさんの人生って？」、私の頭の中では答えの出ない問いがグルグル回っていた。

「私に何ができるのだろう？」

「私にタケシさんの人生を言う資格はあるのか？」

「そもそも、私は精神保健福祉士、ソーシャルワーカーになりたいのか？」

私は実習時、精神保健福祉士になることをイメージできずにいた。なれる自信がなかった。実習の二週間前、私は都内の大学院の入試を終え、合格していた。私は研究者になると漠然と思っていた。私にはタケシさんの置かれた環境を受け止めることができなかった。

現場に入らず、大学院に逃げる私に、指導教員のケイコ先生（仮名）からは「モラトリアムね」と言われた。その通りだった。ケイコ先生はアメリカでソーシャルワークを学び、臨床経験も豊富なバリバリのソーシャルワーカー。ソーシャルワーカーになれる自信のなかった私にとって、先生の話は魅力的で、私もなれるのであればなってみたいと思った。大学院への進学を決めていたものの、精神保健福祉士の実習に行ったのは、今後もし機会があり、現場に立つようなことがあればとの思いからだった。

一か月半の実習が終わる日。私はいつものように朝、病棟に入り、タケシさんに挨拶し、彼の日課であるベランダに一緒に行き、彼が旨そうにタバコを吸うのを横に座り、眺めた。そして、畳に移り、囲碁を打った。実習時間が終わる五分前、私はタケシさんに今日で実習が終わることとこれまでのお礼を伝えた。タケシさんは立ち上がり、私に向かって深くお辞儀をした。そして、お辞儀をしたまま「芦沢さんの将来には大変なこともあるかもしれません。でも、夢と希望を持って頑張って下さい。夢だけではダメです。希望がなくては。夢は形がないけど、希望には進むべき形があるのです」と話した。私は何も言えなかった。暫くの沈黙後、「ありがとうございました」と言い、お辞儀をするのが精一杯だった。

退院できるのに、退院できないタケシさん。そのタケシさんが話す夢と希望。タケシさんには夢や希望があったのだろうか？　今、夢や希望はあるのだろうか？　私には夢や希望があるのだろうか？　実習が終わった後も、その問いは頭の中に残ったものの、私はそれに向き合うことができなかった。消化不良のまま、私は大学院に進学した。

●大学院へ進学、そして現場へ

大学院の二年間。私は大学時代に消化不良のまま残していた課題に向き合えるように、これまで、読んでこなかった専門書を読めるだけ読んだ。複数の非常勤の仕事を掛け持ちし、現場にいる機会を持った。日中はＮＰＯ法人が運営する精神障害者小規模作業所の指導員として勤務し、封筒の袋詰め、公共施設の清掃等を通所者と一緒に行った。夜は週一～二日、母子生活支援施設（母子寮）の非常勤職員として、宿直業務を行った。そして、週末は調査も兼ねて、医療法人が運営する精神障害者地域生活支援センターに住み込んだ。調査は精神障害者地域生活支援センターの登録者すべてに、生活満足度と人間関係についてのアンケートを実施し、その結果を定期的に開催されているセルフヘルプグループの参加者に報告し、出された意見等をもとに考察した。自分なりに頑張った。二年間、頑張ったという根拠のない自信だけは膨らみ、私は大学院修了後、地元の精神科病院に満を持して就職した。積み残した課題に向き合い、今度はソーシャルワーカーになる。私は自信があった。自信が持てたと思いたかった。その自信がその後、打ち砕かれるとはその当時は思いもしなかった。

本書は、「ソーシャルワーカーになりたい」という思いを持ちながら、悪戦苦闘してきた、今も悪戦苦闘している私の記録である。「精神保健福祉士」という資格ができて、二〇年程の月日が経過した。制度ができ、昔に比べれば、働く場は増え、仕事もしやすくなったが、決められた仕事を組織から求められるようになった。それをしていれば仕事をしているように見られるようになった。仕事をどう処理するのかが優先され、事例に悩まなくなった。私はそんなふうに感じる。

ケイコ先生は事例から学ぶことを私に勧めた。自分が揺さぶられる事例に出会ったら、とことんまで向き合い、自分のソーシャルワーク観がどう変わったのかを書くように言われた。その言葉を受け、これまで私自身が揺さぶられた事例と私のソーシャルワーク観について文章にしてきた。私達は見たいものを見て、聞きたいものを聞く。自分のことが分かっているようで、実際は分かっていない。「自己覚知」という言葉がある。自分を知ることを通じて、相手を理解する。その営みが重要と言われるが、その営みは辛く、苦しい。できるならば、避けたい気持ちになる。でも、向き合わないと先に進めない。

他者の経験を見て、自分を振り返ることならできるかもしれない、私はそう思った。

本書は、私が悩んだ過程を追体験できるように、一つの物語となっている。それぞれの章は時系列でつながっており、それぞれの時期に私が悩み、苦しんだ事例の紹介と、私のスーパーバイザーであるケイコ先生との振り返りという構成になっている。事例のどこで悩み、苦しんだのかの部分は事実だが、事例及び事例の中に登場する人物はケイコ先生も含め、モデルはいるものの、本書を書くに当たり、創作したものである。「ソーシャルワーカーになりたい」私がどのような経過を辿ってきたのか、どうぞお付き合い下さい。

〈参考文献〉

芦沢茂喜　2004『メンバーが求める地域生活支援～精神障害者地域生活支援センター「さの」で実施した調査結果をもとに～』東京都立大学大学院社会科学研究科社会福祉専攻　修士論文
芦沢茂喜　2011「「病院の子」が地域で生活するために―精神科長期入院者への地域移行支援―」『ソーシャルワーク学会誌』23：74-75

第1章 言葉の裏には想いがある

●通訳になりたいヨウコさん

大学院を修了後、私が就職したのは病床数三〇〇床程の精神科病院。戦後、畑しかない郊外の土地に建てられた古い病院。設立当初は病院しかない地域だったが、高度成長期に国道が整備されたことで、病院の周りにも商業施設や住宅が建設されるようになった。そのような環境もあり、社会復帰に積極的な病院だった。急性期閉鎖、慢性期開放、アルコール専用病棟などを有しており、私は医療福祉相談室に配属となった。

最初の一か月、研修期間として私はそれぞれの病棟を一週間ずつまわった。一週間、病棟に張り付き、一日の流れを経験した。大学時代の実習を再度経験しているように私は感じた。

ヨウコさん（仮名）とはその時に出会った。ヨウコさんは二〇代。今回が二回目の入院だった。病棟でどう過ごして良いか、悩み、ホールの椅子に座り、ソワソワしていた私に彼女は話しかけてきた。

ヨウコさん：「実習生さんですか？」

私　　：「違います。四月から医療福祉相談室に就職しました芦沢茂喜と申します。まだ、入ったばかりなので、分からないことも多く、一か月間は病棟をまわり、勉強しています。よろしくお願いします」

ヨウコさん：「そうなのですね。頑張って下さい」

ヨウコさんはスラリとした体型で、髪が長く、色白の女性だった。彼女はこの病棟に私がいた一週間、会えば声をかけてくれた。彼女はＮＨＫ教育テレビで放送されている英語講座を病棟のホールにあるテレビをつけ、熱心に見ていた。彼女が入院していた病室は四人部屋。カーテンで仕切られているとはいえ、ベッドと荷物入れがあるだけのスペース。衣類は衣装ケースに入れられ、ベッドの下に置かれていた。彼女のベッド周りには、英語講座のテキストが重ねて置かれており、ベッドの上の壁には英単語を書いた手書きの紙が貼られていた。彼女は高校卒業後、県外の大学の外国語学科に進学した。彼女は通訳になるのが夢だった。大学三年の八月、夏休み中に様子を見に彼女のアパートに来た母は、彼女の部屋の壁一面に英単語が書かれた紙が貼られていることに驚いた。椅子に座っていた彼女は母の声かけに反応せず、聞き取れない声でブツブツと独り言を言っていた。母は彼女の異変に気づき、お盆の帰省を理由にして彼女を説得し、実家に連れ戻した。そして、彼女は私の勤務した精神科病院を受診し、一回目の入院をした。

ヨウコさんは母との二人暮らし。父は三年前、姉は一〇年前に亡くなっていた。一回目の入院を経て、自宅に退院した彼女はデイケアに通った。一か月程は通うことができたが、その後中断。外来受診も途絶え、薬も飲まず、発病時のように英単語を書いた紙を部屋の壁に貼る行動が見られ、心配した母が保健所に相談。保健所職員の促しを受け、三か月ぶりに受診し、今回の入院となった。

私がいた一週間、ヨウコさんは私を見かけると声をかけてくれた。勉強しているテキストを見せてくれた。「休学している大学に復学し、卒業したい。卒業したら、通訳となり、外国に行きたい」と夢を話してくれた。私に心を開いてくれている、私はそう思った。

●ヨウコさんの担当になった私の一方的な思い

実習期間が終わり、私は他の相談員と同じように担当を持つことになった。ただ、その当時、勤務した病院では病棟ごとの担当制を敷いておらず、病棟等からの連絡を受けた事例を引き続き担当する形が取られていた。連休が明けた五月中旬、病棟より「ヨウコさんの退院についてカンファレンスを開催する。他の相談員さんがなかなか捕まらないから、芦沢さん、担当して下さい」との連絡が入った。私はヨウコさんの担当をすることになった。

カンファレンス前、私はヨウコさんのところを訪ね、挨拶をした。

私　　　　：「ヨウコさん、こんにちは。今度、話し合いがあると病棟の看護師さんからうかがいました。まだ、担当が決まっていなかったのですね。私が担当させていただくことになりました。宜しくお願いします」

ヨウコさん：「看護師さんから聞きました。芦沢さんが担当になるのですね。よろしくお願いします。

怖い人になったらどうしようと思っていたけど、芦沢さんなら年齢も近く、話しやすいから良かった」

私：「ありがとうございます。今度の話し合いは、退院についてとうかがいましたが、ヨウコさん、心配はありますか？」

ヨウコさん：「心配？　ないですよ。退院するのは母と暮らす実家だから。母が良いと言ってくれたら、いつでも退院できるから」

私：「そうなのですね。日中はどうするのですか？」

ヨウコさん：「何もしない。特に何もしたくないし」

私：「何もしないのも心配ですね。ヨウコさん、作業所って知っていますか？」

ヨウコさん：「知らない」

私：「作業所は日中通って、内職などをするところです。工賃は少ないですが、そこに通い、生活リズムを作ることは大事なことだと思いますよ」

ヨウコさん：「作業所ね……」

私：「今度、見学に行きませんか？　僕もまだ行ったことがないので」

ヨウコさん：「別にいいけど」

私：「ありがとうございます。調整しますね。あと、訪問看護って知っていますか？」

ヨウコさん：「訪問看護？」

私：「病院の看護師さんが自宅に来て、様子を見てくれるものです。体調が悪い時に、外来まで待たずに様子を見てもらうことができて、良いと思いますよ」
ヨウコさん：「訪問看護か～。自宅に来られるのはちょっと」
私　　　　：「再入院しないことが大事ですよ。私の方で先生と看護師さんに聞いてみます」
ヨウコさん：「でもな～」
私　　　　：「大丈夫です」

一週間後、病棟で開かれたカンファレンス。ヨウコさん、母、主治医、担当看護師、作業療法士と私が参加した。話し合いの結果、退院は三週間後。三週間の間に作業所の見学を行い、退院後に通えるように手続きを行う。退院後は、外来は二週間に一回。外来のない週に訪問看護を行い、経過を見ていくという話になった。

カンファレンスの翌週、私はヨウコさんと一緒に作業所を見学した。作業所はヨウコさんの自宅から自転車で二〇分程。当たりの柔らかい女性の指導員が対応してくれ、ヨウコさんも通所時間や昼食のこと等を質問していた。話の後に、ヨウコさんは封筒の袋詰め作業を経験した。作業を見て、「作業は大丈夫ですね。あとは慣れるだけ。ヨウコさんならすぐに慣れますよ」と指導員に言われ、ヨウコさんは笑顔を見せていた。外来と訪問看護の日を一日取り、作業所には平日の残り四日、通所することになった。私は自分の思い描いた通りに進み、満足していた。これで安心と思っていた。

●すれ違う思いとヨウコさんの反応

退院後、ヨウコさんは作業所に休まず、通った。私は心配になり、初日と翌週に一度、作業所に様子を見に行った。作業所の指導員にもその日の様子を確認する電話を入れた。看護師が行く訪問看護にも同行した。彼女が話す「このままで大丈夫」という言葉に安心していた。私が求められている役割を果たせて、良かったと思っていた。

退院後、一か月、順調に経過した。二か月目も特に問題はなく、私は作業所に様子を見に行くこと、訪問看護に同行することを止め、様子を見ることにした。ヨウコさんは大丈夫。そう思っていた。そう思いたかった。

退院後、三か月のある日の朝、出勤した医療福祉相談室の電話が鳴った。電話を取ると、ヨウコさんの母だった。

母：「芦沢さんですか?」

私：「はい。芦沢です。どうされました?」

母：「ヨウコが起きてこないのです」

私：「え!?」

母：「あの子の布団周りに薬が散らかっているのです。あの子、飲んじゃったのかな?」

私：「え!?」

母：「息もしていないように感じる。どうしよう、芦沢さん」

私　‥「え⁉　お母さん、救急車を呼んで下さい。私もすぐに行きます」

私は何が起こったのか、分からなかった。あんなに安定していたじゃないか。上手くいっていたじゃないか。何が起こったんだよ。私は動転していた。

ヨウコさんの自宅に着くと、すでに母が呼んだ救急車が来ており、ヨウコさんはベッドに乗せられていた。彼女の寝室に敷かれた布団には、薬の錠剤が散乱していた。彼女は薬を飲まずに溜めていた。以前に処方された薬も捨てずに、残していた。訪問看護で薬を確認した時には、残薬は日数分でぴったり合っていたが、彼女は私に見せるように薬を合わせていた。

私は母に近づき、声をかけた。

私　‥「お母さん」

母　‥「芦沢さん。あの子、薬を溜めていて、今朝、一気に飲んだみたい。昨夜、私に、お母さん、ゴメンねと言っていて、何であの子、こんなことを言うのだろうと思ったけど。あの子には姉がいたの。姉もあの子と同じことをしたの。姉妹揃って、同じことを……」

母の声は涙声に変わっていた。

私は作業所の指導員に状況を伝えるために、電話を入れた。「今朝、ヨウコさんが薬を大量に飲み、病院に運ばれました。今、治療を受けています。お母さんが一緒に行っています。私、ヨウコさんのお姉さんも同じことをしたのを知らなくて。私、ヨウコさんが大丈夫だと思っていて、私……」。

話しながら、私は泣いていた。ヨウコさんとお母さんに申し訳ない気持ち。自分の考えを優先し、自己満足に浸っていた自分に情けない気持ちなどが入り交じり、言葉にならなかった。私はヨウコさんを見ていなかった。自分の考える退院の形に、彼女を当てはめることに必死だった。彼女が合わせてくれていることを、自分の仕事が上手くいっていると勘違いしていた。私はソーシャルワーカーの役割にこだわっていた。

その後、ヨウコさんは救急車で運ばれた病院で胃洗浄され、意識を取り戻した。内科での治療が終わり、私の勤務する病院に転院してきた。転院してきた日、私は病棟に向かった。病棟でヨウコさんの顔を見た時、私は泣いて、謝っていた。「本当にスイマセンでした」その言葉しか出てこなかった。

それから、二週間後、私はスーパーバイザーであるケイコ先生と会うことになった。私は自分を保つことができず、ケイコ先生に電話を入れた。一方的で、自分でも何を言っているのか分からない私の話を先生は遮らず、聞いてくれた。そして、「よく電話をしてきましたね。電話で聞くのも何だから、会いましょう。こっちに出て来なさい」と言われた。私は反射的に「はい」と言っていた。

私は先生に指定された日に、指定された都内の会議室に来ていた。先生に何を話せばいいのだろう？

私は前日、そのことを考え、寝付けずにいた。自然に出てくるあくびをしながら、先生が来るのを待った。約束の時間を五分過ぎて、先生は現れた。

●分かったつもり――「クライエントに戻りなさい」

先生：「よく来たわね。待った？」
私　：「待っていません」
先生：「そう良かったわ。あなた、眠っているの？　眼にクマが出ているじゃない」
私　：「大丈夫です」
先生：「そう、なら良かった。あなた、大変だったわね。電話で事例の概要は聞いたけど、こういう事例に出会ったら、しっかり振り返りをすることが大事よ。それをそのままにしておくと、また同じことをしてしまう。それは嫌でしょう、あなたも」
私　：「嫌です」
先生：「なら、振り返りましょう。まずは、ヨウコさんのことを私に教えて」
私　：「ヨウコさんは二〇代の女性で、お母さんと住んでいて、統合失調症の診断がついています。今回が二回目の入院で、怠薬が原因です……」
先生：「二〇代って、何歳なの？」
私　：「分かりません」
先生：「お母さんと一緒？　他に家族は？」
私　：「お父さんとお姉さんがいましたが、亡くなっています」
先生：「そう。亡くなった原因は？」
私　：「お姉さんは薬を大量に飲んで、お父さんは……。スイマセン、分かりません」

先生：「お姉さんも今回の本人のように大量服薬をしたのね。それはいつ分かったの？」
私　：「ヨウコさんが大量服薬し、救急車で運ばれる時にお母さんから初めて聞きました」
先生：「それまで知らなかったの？」
私　：「知りませんでした」
先生：「カルテは見たの？」
私　：「初めのページと最近のところしか見ていませんでした」
先生：「家族など、近い関係の人に自殺企図者がいた場合、その人も自殺企図をする可能性は高いと言われている。情報のつまみ食いをするのはダメ」
私　：「スイマセン」
先生：「統合失調症って、どんな症状があるの？」
私　：「英単語を書き、部屋中に貼る。ブツブツ、独語を言う。話が通じない」
先生：「部屋中に貼るってどのくらい貼るの？　ブツブツって、何を言っているの？　話が通じないって、いつも通じないの？」
私　：「分かりません」
先生：「入院の原因が怠薬だと言ったけど、ヨウコさんは何で薬を飲まなかったの？」
私　：「薬が嫌だからだと思います」
先生：「そうヨウコさんが言ったの？」
私　：「言っていません」

先生：「あなたは私にヨウコさんのことを説明することができないわね。断片的な情報だけで理解した気になっている。ヨウコさんに会ったことがない私が、ヨウコさんをイメージできるようにあなた自身が話せなければ、それは事例を自分のものにできていない証拠よ」

私　：「スイマセン」

先生：「スイマセンは私に言うのではなく、ヨウコさんに言いなさい」

私　：「はい。スイマセン。スイマセンと言ってスイマセン」

先生：「まあ、いいわ。次に、あなたのヨウコさんに対する第一印象を教えて下さい」

私　：「第一印象ですか？」

先生：「そう、第一印象。あなたが最初にどう思ったかが、最終的に最後まで尾を引いていることがあるの。そこをはっきりさせておく必要があります」

私　：「物静かな人だなと思いました」

先生：「ヨウコさんとはどこで最初に会ったの？」

私　：「就職して一か月、それぞれの病棟を一週間、研修でまわっていました。ヨウコさんの入院している病棟に一週間いた時に会いました」

先生：「そう。その時、どんな会話をしたの？」

私　：「病棟でどう過ごして良いか分からず、キョロキョロしていたら、『実習生ですか』とヨウコさんの方から声をかけてくれました。声をかけられ、助かったと思いました」

先生：「それから」

私　：「それから、ヨウコさんの方から話してくれました。大学生だった時に、病院に連れてこられ、入院したこと。大学は休学しているけど復学したいこと。卒業したら、通訳になり、外国に行きたいことを話してくれました。部屋も見せてくれ、勉強しているＮＨＫの英語講座のテキストを見せてくれました」
先生：「そう。あなたに教えてくれたの」
私　：「はい」
先生：「そんなヨウコさんの担当になると聞いた時に、あなたはどう思ったの？」
私　：「ヨウコさんなら、話もできるし、役に立てるかもしれないと思いました」
先生：「役に立つってどういうこと？」
私　：「ヨウコさんが再発しないように」
先生：「具体的には、あなたが何をすること？」
私　：「ヨウコさんは怠薬をしているので、訪問看護を入れ、服薬の確認をする。日中、閉じこもると、また英単語を書き、壁に貼ってしまうので、日中通う場所を確保する。以前、デイケアを利用していましたが、続かなかったから、作業所に通所できるようにする。そんなふうに考えました」
先生：「だから、そういうプランになったのね。デイケアが続かなかった理由は？」
私　：「人間関係が嫌だったからじゃないですか」
先生：「そうヨウコさんが言ったの？」

私　：「言っていません」
先生：「では、なぜ続かなかったの？　今回、作業所についてヨウコさんは何て言っていたの？」
私　：「何も言っていません」
先生：「なぜ？」
私　：「なぜ……。スイマセン、聞いていません」
先生：「訪問看護についてはどうなの？」
私　：「家に来るのは……とは言っていましたが、拒否はしていないと思います」
先生：「なぜ、そう思うの？」
私　：「申込書にサインをしたので」
先生：「サインをすれば、拒否をしていないと言えるの？」
私　：「分かりません」
先生：「言葉の裏には想いがある。同じ大丈夫ですという言葉も、私の目を見て言われた大丈夫ですと、手を膝の上に置き、前後に動かして言う大丈夫ですでは違うでしょう。言葉だけを切り取って、判断してはいけない。分からないことを分かったつもりになってしまうと、取るべき判断を間違えてしまいます。分かること以上に、自分が分かっていないことを分かることが大事です」
私　：「はい」
先生：「もし、ヨウコさんが拒否していたのに、サインをしたのであれば、なぜだと思う？」

私　：「そうしないと退院できないから」
先生：「それだけ？　お母さんは退院を反対していたの？」
私　：「していません」
先生：「じゃあ、別に拒否しても退院できそうじゃないの。しかも、今回はこれまで行ったこともない作業所にも見学をし、通所した。なぜ？　前回と今回で違うの？」
私　：「分かりません」
先生：「前回と今回で違うのは担当の相談員。仕事を始めたばかりのあなたにヨウコさんは合わせてくれたんじゃないかしら。これから頑張ろうとしているあなたを応援するために。本当は嫌だけど、それを我慢して付き合ってくれた。だから、あなたが訪問すると、『大丈夫です』とあなたを安心させようと話した」
私　：「……」
先生：「あなたは何かをして相手を支えているように感じていたかもしれないけど、支えられていたのはあなた自身。それに今回、気づかせてくれたのかもしれないわね」
私　：「私……。私……」
先生：「あなたはヨウコさんの行動に答える義務がある。一歩前に進む勇気と責任を持ちなさい。一期一会のおもてなしという言葉があるでしょう。今、あなたが相手といるこの時はもう二度とやってこないの。だからこそ、今のこの時を大事にする。分からなくなったら、クライエントに戻りなさい。ヨウコさんが応援したいと思ったのは、あなたを見ていてくれたから。見ていてくれたのよ。良かったじゃない。これから、どう進むかはあなた次第。頑張りなさい」

私　…「はい……」

私は言葉にならず、私の顔は涙でグチャグチャになっていた。「ソーシャルワーカーになりたい」。私が選んだ道は思っていた以上に難しい。

なぜ、私は大学を卒業した後に現場に出ることができなかったのだろう？　私は現場に出ることが怖かった。相手の世界に触れた時、自分を保てなくなりそうな気がしていた。傍観者として相手を見ることで、自分を保とうとしていた。ソーシャルワーカーはサービスを調整する人。自分が決めた自分の役割に固執し、相手の世界に飛び込もうとしなかった。

先生から一冊の本を紹介された。奥川幸子さんの『未知との遭遇』。本の中に「異界のフィールドワーク『日本妖怪巡礼団』を読む」という文章が収められていた。荒俣宏さんの『日本妖怪巡礼団』を引用し、妖怪巡礼に必要な四つの目玉がソーシャルワーカーにも必要と説いていた。四つの目玉とは、透視目玉、観察目玉、分析目玉、驚き目玉。それぞれ重要だが、ケイコ先生は驚き目玉が大事だと話していた。

「目の前の出来事に凄いな〜、大変だな〜、辛そうだな〜など、あなたの心が動かなければ、何も見えてこないわよ」

先生の言葉が頭の中でグルグル回った。

「相手の世界に勇気を持って飛び込んでみよう。ダメになりそうだったら、先生のところに行こう」

幼児が母の手から離れ、友達のところに遊びに行くものの、母の姿が気になり、後ろを振り向いてしまう。私もそれと変わらないな～。帰りの電車に揺られ、外の景色を見ながら、そんなことを思った。

〈参考文献〉

奥川幸子　1997『未知との遭遇――癒しとしての面接』三輪書店

第2章 振り回されるのが仕事

●ヨウコさんのその後と新たな決意

ヨウコさんはその後、退院した。退院後はデイケアや作業所に通うことはせず、自宅で療養し、当面の間は一週間に一回、外来受診をすることになった。ヨウコさんは大学への復学を望んでいた。大学への復学を許してもらうためには、周りの言うことを聞く必要があると思っていた。でも、薬は飲みたくなかった。飲んだら、通訳になれない。普通の人ではなくなると思っていた。彼女に負荷をかけることは止め、週に一回の外来受診のみとし、彼女が望む復学に向けて、どうしたら良いか、考えていくことになった。

私は一歩前に進む勇気と責任を持つ必要がある。一期一会を大切にし、分からない時はクライエントに戻る。先生から言われた言葉を紙に書き、写真入れの中に入れ、職場の机の上に置き、機会あるたびに見ることにした。今度は逃げない。相手から離れない。寄り添っていこう。私は自分自身に言い聞かせた。

私は就職して日が浅いこともあり、担当数が少なかった。その為、先輩の相談員より、先輩が担当している事例を代わりに担当してほしいと依頼された。

●頻繁に通帳確認を求めるケンタさん

先輩から依頼された事例は、ケンタさん（仮名）。六〇代後半の男性。複数回の入院歴があり、今回の入院は自分の財産を父が取ったとの被害妄想から同居の父を殴り、駆けつけた警察がケンタさんを保護。強制的に病院に連れてこられ、入院となった。私が担当を依頼された時、すでに入院後一〇年が経過しており、同居していた父母は亡くなり、家族は離れて暮らす姉のみとなっていた。

ケンタさんは担当していた先輩を一日に何回も病棟の看護師を通じて、呼んでいた。その回数が多いため、先輩も呼ばれているのは分かっていても、無視することがあった。ただ、そんな時は公衆電話から病院に電話をかけ、先輩に直接面接に来るように話していた。

ケンタさんの今回の入院は、自分の財産が父に取られるという妄想が発端だった。入院に当たり、ケンタさんの通帳は姉が管理することになった。だが、姉が盗るのではないかとの思いから、姉に頻繁に電話をかけ、姉が疲弊。姉より、病院の金庫に預かってほしいとの話があり、ケンタさんに話をし、病院の金庫に預かることになった。その窓口を先輩が担当した。ケンタさんは自分の通帳が無事か否かを先輩に頻繁に聞き、通帳を見せるように要求した。二か月に一回、年金が入る日には記帳し、通帳を見せることを要求した。度重なる要求に、今度は先輩が音を上げ、私に彼の担当を引き渡してきた。

私は先輩と一緒に病棟に行き、面会室でケンタさんに挨拶した。ケンタさんは大柄で、細身の男性。髪は短く、眼鏡をかけていた。先輩が、私に担当が代わることを伝えると、ケンタさんは、「通帳を見せてほしい。残金が気になる。誰かに盗られたら困る。俺の金だ」と話した。あらかじめそう言われることを想定して、先輩が通帳を持ってきており、ケンタさんに渡すと、ケンタさんは眼鏡を上に持ち上げ、通帳を広げ、しばらくの間、じっと見ていた。見終わると、通帳を私に渡し、「明日、年金が入る。記帳し、また見せてくれ」と話し、席を立ち、面会室の扉を開け、出て行った。私は呆気に取られ、「大変そうだな」と一人小さく呟いていた。

翌日から、私への面接依頼が病棟を通じて、来るようになった。金庫から通帳を取り出し、銀行に記帳へ行き、記帳した通帳を本人に見せ、終われば通帳を金庫に入れる。その繰り返しを毎日していた。以前は主治医と看護師もいい加減にするようにとケンタさんに言っていた。でも、言えば言ったで、「俺の金を俺が見て、何がいけない？　見られない方がおかしい」と言い、公衆電話から警察等に電話をかけてしまうため、本人から要求があれば担当の相談員に連絡するという対応で流すようになっていた。延々と繰り返される日課に辟易としながら、何でケンタさんはお金にこだわるのだろうと思った。「分からない時はクライエントに戻る」、先生の言葉を自分に言い聞かせ、改めてカルテを読んでみることにした。

ケンタさんは四人兄姉の末っ子。長兄、次兄、姉、ケンタさんという構成で、長兄は戦死し、次兄は若い頃に亡くなっていた。小・中学校の成績は優秀で、高校も地元では有名な進学校に進んでいた。だが、高校卒業後、機械の部品を作る工場に勤務し、二五歳の時に上司が自分の悪口を言っていると言って上司に手を出してしまい、工場を退職。様子がおかしいと判断した両親に連れられて病院を受診し、初回の入院をしていた。退院後はすぐに仕事に就くが、人間関係で躓き、短期間で退職。自宅で過ごす両親に手を挙げる等の暴力行為があり、入院。今回の入院まで入退院を繰り返していた。ケンタさんのことを知る必要がある。私は姉に電話をすることにした。

私：「もしもし。病院の相談員の芦沢です。お姉さん、こんにちは。いきなりの電話で申し訳ありません」

姉：「ケンタが何かしましたか?」

私：「いえいえ、何もしていませんよ。通帳を見せてほしいと話されるのは変わりませんが、それ以外は特に何か変わったところはありません」

姉：「いつもスイマセン」

私：「仕事ですので、大丈夫ですよ。今日はお姉さんに教えていただきたいことがあり、電話しました」

姉：「何ですか?」

私：「私は通帳を管理させていただいていますが、なぜケンタさんはお金にこだわるのだろう?と思ったのです。お姉さん、思い当たることはありますか?」

姉：「あの子は昔からお金のことばかり。いつも両親と揉めていました。自分のお金ではないのに、家の金は自分の金だと言っていました。ケンタは賢かったんです。大学に行ける学力もあったと思います。でも、その当時、次兄が大学、私も短大に行っていました。実家は農家で、両親が借金をし、行かせてもらっていました。ただ、ケンタを大学へ行かせる余裕はなく、ケンタには進学を諦めてもらいました。ケンタは悔しがり、泣いていました。俺よりバカな奴が学校に行き、何で俺が行けないんだと言っていました」
私：「お姉さんがお金を取るのではないかと言っていたのも……」
姉：「自分が行けなかった学校へ行った私を信じていないのだと思います。姉ちゃんは学校に行ったじゃないかとよく言っていました」
私：「そうなのですね。ケンタさんの時間はそこで止まっているのですね。スイマセン。急にお電話をして。私も分からないことがあり、またうかがうこともあるかと思いますが、よろしくお願いします」
姉：「ケンタがご迷惑をおかけしますが、よろしくお願いします」

ケンタさんが金にこだわる理由は進学できなかったことにつながっている。私はケンタさんと話をすることにした。いつもは通帳を見せてほしいとケンタさんが言い、私が病棟に行くという形だったため、頼んでいないのに私が来たことにケンタさんは驚いていた。

ケンタさん：「何かあったのか？」
私：「何もないです」
ケンタさん：「何しに来た？」
私：「ケンタさんに教えてもらいたくて来ました」

ケンタさん：「何だ？」
私　　　　：「ケンタさんは優秀だったとお姉さんから聞きました。ケンタさん、勉強が得意だったのですか？」
ケンタさん：「得意だった。学年で五位以内に入っていた。俺は優秀だよ」
私　　　　：「そうだったのですね。ケンタさんは何になりたかったのですか？」
ケンタさん：「経営者だよ。高校の時、俺よりもバカだった奴が大学に行き、今は会社の社長だよ。信じられないよ。アイツが社長なら、俺は大社長になっているよ」
私　　　　：「社長は社長で大変な感じがしますが……」
ケンタさん：「そんなことはない。俺は金を貯めて、会社を作る。家の土地は俺のものなのに、姉とその息子が管理している。兄貴達は死に、俺だけだよ、男は。俺のものに決まっているじゃないか」
私　　　　：「何かしたい事業があるのですか？」
ケンタさん：「同級生がパチンコ屋をやって、社長になっている。アイツができるなら、俺もやる。俺はパチンコのプロだよ。プロ」

ケンタさんがお金にこだわるのも、そうしないと賢かった自分を守ることができないからではないか。私はそう思った。そう思ったら、私の気持ちは少し楽になったが、毎日続く面接希望と通帳記帳、年金の振込額が思っていた額と違うと何で違うのかと本人に言い寄られ、年金事務所に確認し、本人に伝える作業に私は疲れていた。寄り添うと決めたのに、私は振り回されていた。振り回され、疲弊し、その場から逃げたくなっていた。

●繰り返される面接要求と突然の別れ

そんな生活を五か月続けたある日、ケンタさんが病棟内で倒れた。救急車で救急病院へ搬送された。精密検査の結果、肺に癌が見つかった。余命は二か月と言われた。ケンタさんはタバコを吸っていた。一日二箱のヘビースモーカー。タバコが吸えないと怒っていた。救急病院ではこれ以上できることはないと言われ、ケンタさんは戻ってきた。ケンタさんに事実が伝えられた。ケンタさんは病院で過ごすと決めた。病院に戻って以降も、ケンタさんからの面接希望は続いた。私は同じように金庫から通帳を出し、記帳に行き、通帳を本人に見せ、金庫に入れる一連の作業を続けた。ケンタさんの言う台詞は、「俺の金を俺が見て、何が悪い。俺の金だぞ」と変わらなかった。ケンタさんは三か月後に亡くなった。亡くなった遺体を受け取りに来た姉は私にお辞儀をし、こう言った。

「実家の家は取り壊していて、今は何もありません。更地です。お墓も古くなっていて、あの子が入るスペースはないんです。あの子がまた一人ぼっちになってしまう。だから、古いお墓の横に、あの子のお金でお墓を建ててあげようと思います。みんなよりも立派なものを。本当にありがとうございました」

車の助手席に乗った姉にお辞儀をし、私は車に向かって深くお辞儀をした。「ケンタさん、ありがとうございました。」私はケンタさんに何ができたのだろうか？

●「振り回したい相手の気持ちは誰が受け止めるの」

ケンタさんとお別れをした日、私はケイコ先生に連絡し、振り返りの機会を持ってほしいとお願いした。先生からは会場と時間を指定された。

指定された時間の一〇分前に、私は会場に着いた。前回は殆ど寝付けなかったが、今回は少しの時間、眠れた。今日は何を話せばいいのだろう？　私が困っていたことは何だろう？　先生が到着するまでの間、そんなことを繰り返し、私は考えていた。指定の時間に先生は到着し、私の顔を見るや、「思っていたより、元気そうね。良かった」と話した。

先生：「患者さんが亡くなったと聞いたから、もっと沈んでいるのかと思ったけど、そうでもなさそうで良かったわ。あなたは大丈夫なの？」

私　：「大丈夫だと思います」

先生：「そう。では、時間ももったいないから始めましょう。まずは、前回と同じように、事例について教えてちょうだい」

私　：「事例は六八歳の男性。ケンタさん。四人兄姉の末っ子で、二人の兄は亡くなり、今は離れて暮らす姉のみが家族です。両親も既に亡くなっています。高校卒業後、部品工場に勤めますが、上司が悪口を言っていると上司を殴り、退職。その時に、精神科を受診し、入院していま す。その後も退院し、仕事をしてはトラブルを起こし、入退院を繰り返しており、直近の入院は一〇年前に同居していた父が財産を取ったと言い、殴り、警察に連れてこられ、入院になっています」

先生：「今回、あなたが話したいことは何ですか？」

私　：「私はヨウコさんの対応に対する振り返りから、クライエントに戻ることを意識して関わってみました。ケンタさんの話に沿って対応しようとやってきました。でも、やってみた結果はケンタさんに振り回されていただけではないかと思っています」

先生：「どういうこと？」

私　：「ケンタさんはお金に対するこだわりがありました。通帳を姉が管理していましたが、姉に盗られるのではないかとの思いから、姉に頻繁に電話を入れ、姉が疲弊。姉からの依頼があり、病院の金庫で預かることになりました。その窓口を相談員がしていたため、毎日ケンタさんから通帳を確認したいとの面接希望があり、年金の振込日には銀行まで記帳に行っていました。彼の言っていた通り動いていただけで、私は自分から考えて、動いていなかったように感じています」

先生：「ケンタさんの担当になったのは、どのような経緯から？」

私　：「元々は私の先輩が担当していました。通帳を病院が預かったのも、先輩の時です。私は既に先輩がしていた形をそのまま引き継ぎ、続けていました。彼の行動を改めされることはできませんでした」

先生：「改めた方が良かったの？」

私　：「改めた方が困る人は少なくなると思います」
先生：「ケンタさんが行動を改め、安心するのは誰？」
私　：「主治医と看護師と姉、そして私です」
先生：「主治医や看護師は困っているの？」
私　：「前は困っていました」
先生：「姉は？」
私　：「通帳を管理していた時は困っていました」
先生：「今、困っているのは誰なの？」
私　：「私です」
先生：「あなたが困っているのね。何に困っているの？」
私　：「毎回、同じことをさせられることです」
先生：「それの何に困るの？」
私　：「ケンタさんの通帳を誰かが盗むことはないし、通帳をいくら見ても、変わらないのに。何度も同じことを言われることに困りました」
先生：「何でケンタさんは同じことをあなたにさせるの？」
私　：「お金にこだわっているから。お金が盗まれるのではないかと思っているから」
先生：「あなたは何でそう思ったの？」
私　：「お姉さんに話を聞いたら、ケンタさんは優秀で、大学進学ができる学力があったそうです。

ただ、次兄と姉が進学しており、家にお金がないために進学を諦め、就職した経過がありました。お金が盗まれるという彼の思いは、そのような過去が影響しているのではないかなと思いました」

先生：「そう、お姉さんに聞いたのね。本人はそのことに関連して、何か話した？」

私　：「ケンタさんは、成績が学年五位以内で、自分は優秀だった。自分よりもバカな奴が社長になっている。自分も金を貯めて、会社を作ると話していました」

先生：「それを聞いて、あなたはどう思ったの？」

私　：「ケンタさんの時間は高校の時で止まっていて、現実を受け入れてしまったら、自分自身を保てないのではないかと思いました」

先生：「そう、そう思ったの。あなたが学生の時に、ジャーメインの本を読んだのを覚えている？『Social Work Practice in Health Care』」

私　：「覚えています」

先生：「その本の中に、相手の靴の中に入るというフレーズがあるの。日本人は家に入る時、靴を脱ぐけど、欧米人は靴を履いたまま、家に入る。欧米人にとって、靴は身体の一部。人を支えている大切なものなの。靴の中に入るとは、その人の世界に入るということ。自分が相手だったらと相手の立場になって、物を考える。あなたも、相手の立場で物を見られるようになったのね」

私　：「いえ……」

先生：「相手の立場で考えた。でも、あなたは振り回されたことに困った？　それは何で？」
私　：「専門職は振り回されてはいけないと思うからです。相手との距離が近くなり過ぎていた。だから、私は振り回された。距離感がつかめませんでした」
先生：「あなたが言う、相手との距離感というのはどういうことを言うの？」
私　：「分かりません」
先生：「分からないことにあなたは悩んでいるの？」
私　：「スイマセン」
先生：「スイマセンって言わない。この頃、若い子達はみんな、揃って距離感って言うわね。でも、距離感って何？　と聞くと、あなたと同じように分からないと答える。距離感を分かるためには振り回される必要がある。振り回されて、初めて距離感というものを自覚できるようになるの。振り回されたことのない人に、どのくらい振り回されたらダメなのかが分かるはずはないでしょう。あと、振り回されるのは悪いことだとあなたは思っていない？」
私　：「思っています。専門職は毅然とした態度で、相手に振り回されてはいけないと思います」
先生：「専門職は振り回されるのが仕事よ」
私　：「ええ!?」
先生：「あなたは意識しているのか、していないのかはあるかもしれないけど、相手をコントロールしようとしている。コントロールしようとして、上手くいかないケンタさんにどう対応して良いか、戸惑っている。あなたはケンタさんをコントロールできるの？」

私　：「できません」
先生：「そうね。あなたがコントロールしなければいけないのは、ケンタさんではなく、あなた。あなたはあなた自身をコントロールした上で振り回されるの。あなたが振り回されなければ、誰が振り回されてあげられるの。相手は振り回したいんでしょう。振り回したい相手の気持ちは誰が受け止めるの。大事なことは振り回されないことではありません。振り回されていることが分かった上、振り回されることです。あなたはそのためにいるの。今回振り回されて良かったじゃない」
私　：「はい……」
先生：「ケンタさんはどうなったの？」
私　：「その後、病院内で倒れ、救急搬送。救急病院で癌が見つかり、三か月後に亡くなりました」
先生：「そうなの。どこで亡くなったの？」
私　：「私が勤めている病院です」
先生：「誰が決めたの？」
私　：「ケンタさんが自分で決めました。主治医と姉が本人に話をしたところ、ケンタさんが俺はここで良いと話しました」
先生：「そう。自分で決めたのね。決めた後は、どう過ごしたの？」
私　：「いつもと変わりません。最後まで、面接希望があり、私は同じように通帳を見せていました」
先生：「そう。最後まで付き合ったのね。最後はどうなったの？」

私　：「病院で亡くなり、姉が遺体を引き取ってくれました」
先生：「そう。お墓は自分のところに入れたの？」
私　：「実家のお墓は古く、入るスペースがないと姉が言っていました。姉は実家のお墓の空いているスペースにケンタさんのお墓をケンタさんのお金で建てると言っていました」
先生：「ケンタさんの帰る家ができるのね。良かったじゃない。お墓が建ったら、しっかり挨拶をしてらっしゃい。ありがとうございましたって言って」
私　：「はい……」

私はまた言いながら、泣いていた。これまで人前で泣いたことはなかった。でも、何で泣いてしまうのだろう。押さえられない気持ちを受け止めることしか私にはできなかった。私は、少しは大人になれたのだろうか。

振り回されるのもあなたの仕事。どういうことだろう？　帰りの電車の中で考え、私は一冊の本を思い出した。それは、鷲田清一さんの『〈弱さ〉のちから』。この本に「めいわくかけて、ありがとう。――『その他の関係』のために」という章がある。ここに、元全日本フライ級チャンピオンで引退後はコメディアンとして活躍した、たこ八郎さんのお地蔵さんに、「めいわくかけてありがとう」と刻まれていることが紹介されている。そして、このような文章がそれに続けて書かれている。

じぶんはこうしか生きられない。このように生きることでしかじぶんを納得させられない。ひどい目に遭わせただろう。ひどい傷も負わせただろう。そういう厄介者とつきあってくれたことに、あえて『ごめんなさい』とは言わない。抱え込んでくれているのに、その抱えの外に出て、背中を見せて、あらためて『ごめんなさい』とは言わない。できるのなら、抱え込まれたままでその腕の中から『ありがとう』と言って逝きたい。厄介者として遠ざけられるのではなく、『めいわく』がまわりのひととのあいだに成り立ったことそのことに、たこは『ありがとう』と言いたかったのだろう。

ケンタさんも「ありがとう」って言ってくれるのだろうか。ケンタさんのお墓が建ったら、挨拶に行こう。私はそう思った。

〈参考文献〉

鷲田清一　2001『〈弱さ〉のちから』講談社

第3章

ポジショニング

●医師不足とそれを受けての退院促進

ケンタさんが亡くなって二週間後、私の勤める病院では非常勤の医師が退職した。退職した医師は週一日当直をし、当直明けに外来を担当していた。今年に入り、医師の退職は三人目。病院は収益を上げなければ維持することはできない。病院の収益は、医師が何人いるかで大きく影響される。三〇〇床程の病院で常勤医が三名。非常勤の医師が二名。その人数で病棟を担当し、外来を受け持ち、当直を行うのは無理があり、常勤医の間から悲鳴が上がった。このままの状態を続ければ、辞める医師が出てくるかもしれない。医師の担当患者数を減らす必要がある。急遽、管理職の会議が開催され、病院の方針として長期入院者の退院促進が決められ、院内にプロジェクトチーム（以下、ＰＴ）が設けられた。院長の若手が中心となり、進めてほしいとの指示を受け、相談員からは私が入ることになった。

私の勤めていた病院にも、病状は落ち着いているものの、退院できずにいる人がたくさん入院していた。私は入院している人を見るたびに、学生時代に担当したタケシさんのことを思い出していた。タケシさんには何もできなかったけど、チャンスがきたら、彼らの支えになりたいと思っていた。院内のＰ

Ｔに入ることができ、私はやる気に満ち溢れていた。

ＰＴでは、各病棟より病状が安定しており、退院可能な患者が報告され、報告された患者一人ひとりについて、何が退院を阻害しているのかの検討が行われた。検討の結果、作業療法のプログラムとして、服薬の自己管理や退院後に通う施設の見学等を組み込んだ退院促進プログラムを作成し、ＰＴのメンバーが実施した。そして、具体的な支援ではＰＴのメンバーに担当を変えるか、現在の担当のサポート役としてＰＴのメンバーが入る形が取られた。私も一〇名ほど、新たに担当することになった。

●病院にいることを選ぶシュウイチさん

新たに担当した患者の中に、シュウイチさん（仮名）がいた。シュウイチさんは六二歳の男性。母と兄との三人暮らし。父はシュウイチさんが小学生の頃に亡くなっていた。ショウイチさんは中学を卒業後、家計を助けるために建設現場、新聞配達、工場等で働いた。二六歳の時に、自室でブツブツ言っているところを兄が目撃し、母、兄に付き添われて精神科を受診。そのまま入院した。二か月の入院を経て、退院し、工場の仕事に戻ったものの、仕事中にボーッとしてブツブツ言っていることがあり、会社から「仕事中に何かあっては困る。責任が持てない」と言われ、解雇。その後は自宅の自室の部屋でブツブツ言っていたかと思えば、「俺はここの家の人間ではない」と言い、外に出て行き、二～三日戻ってこないことがあった。母と兄が疲弊し、本人が自宅に戻ってきたところを捕まえ、病院に連れてきて入院。その時から今回の入院が続いていた。

シュウイチさんは、体型はやや太め。丸顔の坊主頭。眼鏡をかけており、眼は細く、遠くから見ると、言い方が良くないが、お地蔵さんのような風貌の持ち主だった。私を見かけると、「芦沢さん。大変だね」と声をかけ、日中はホールで好きな時代劇を見て過ごしていた。

元々、大人しい性格で声を荒げることもなく、ブツブツ言うことはあっても、取り立てて病棟内で問題になることはなかった。そのような状況が続いていたため、これまでもシュウイチさんの退院は検討されたが、その都度上手くいかなかった。

シュウイチさんの家族は母と兄。そのうち、兄はシュウイチさんが入院して二年後に家を出てから、所在が分からなくなっていた。そのため、家族は母一人となり、八〇歳を越えた母がシュウイチさんを支えることはできなかった。そのことを分かってか、シュウイチさんは退院の話が出るたびに、「俺はここで良い」と病院にいることを選んでいた。

シュウイチさんは拒否をしていたが、病棟の看護師に半ば強引に説得され、退院促進プログラムに参加することになった。プログラムへの参加を機に、私がシュウイチさんの担当となった。私はシュウイチさんと話をすることにした。

私　　　　　　：「こんにちは、シュウイチさん」
シュウイチさん：「こんにちは」
私　　　　　　：「今、良いですか？」
シュウイチさん：「いいよ」
私　　　　　　：「ありがとうございます。作業療法のプログラムに参加してくれていますが、参加してみてどうですか?」
シュウイチさん:「勉強になるね」
私:「そうですか。プログラムに参加をされたのは、シュウイチさんの希望ですか?」
シュウイチさん:「希望じゃないよ。担当の看護師さんが病院の方針として決まったので、参加して下さいとしつこく言うものだから。仕方なく」
私:「それはスイマセン。シュウイチさんは、退院するのは嫌ですか?」
シュウイチさん:「嫌と言うか、できないよ。俺は母親しかいないから。母親も八〇歳を越え、俺の面倒なんてみられないよ」
私:「お母さん、心配ですね」
シュウイチさん:「心配だね」
私:「お母さんに面倒をみてもらうのではなく、シュウイチさんが自分のことをするというのはどうですか?」
シュウイチさん:「俺、やったことないから」
私:「シュウイチさんはやれることをやる。できないところは、病院の職員などに手伝ってもらうというのはどうですか? シュウイチさんが家に帰ると、困るのは何ですか?」
シュウイチさん:「食事と洗濯かな」
私:「例えば、シュウイチさん。この間、デイケアの見学に行ったと思いますが、デイケアであれば朝来て、昼食を食べ、夕方に家に帰るという形を取れるので、昼食の心配は要りません。夜もということであれば、ナイトケアを利用すれば、夕食も食べられ、お風呂にも入れます。洗濯については、病棟で使っている洗濯機があるので、同じように使えます。洗濯代は有料ですが、他は医療費なので、一度支払いをしてもらいますが、重度心身障害者医療費助成制度というのを使えば、二～三か月後にシュウイチさんの通帳に支払ったお金が戻ってきます。入院中の生活と大きく変えずに、自宅での生活が送れるように思いますが、いかがですか？」

シュウイチさん：「そうだな。どうしようかな」

私　　　　　　：「お母さんのことを考えても、私はシュウイチさんにご自宅にいてもらいたいなと思います。まずは、デイケアの体験をしてみませんか？　色々考えても、先に進みませんから。体験してみて嫌なら嫌で、その時は相談しましょう」

シュウイチさん：「体験だけならいいかな」

私　　　　　　：「ありがとうございます」

●すれ違う私と病棟の考え

シュウイチさんは翌週から、デイケアの体験をすることになった。病棟で朝食を取ったら、病院の敷地内にあるデイケア施設に行き、午前中のプログラムに参加。昼食は病棟に戻り、食べ、食べ終わるとデイケア施設に戻り、午後のプログラムに参加した。

シュウイチさんは入院期間が長かったため、デイケア施設に行くと入院中に一緒だった人から声をかけられ、シュウイチさんは時間をかけずにデイケアの生活に慣れた。

デイケアの体験をするようになり、シュウイチさんに変化が起こった。シュウイチさんは、下はジャージ、上は白の下着を着て、病棟内を過ごしていた。寒い日は下着の上にジャンパーを着ていた。それが、デイケアに通うようになり、下はチノパン、上はポロシャツを着るようになった。病棟では看護師が知り合い等からもらった服を入院中の患者に渡していたが、シュウイチさんはこれまで自分からもらいに行くことはなかった。それが、自分からもらいに行くようになった。シュウイチさんの変化を見て、病棟の看護師より「この機会に退院させましょう」との意見が出た。病棟に行くと、私は看護師数人に囲まれた。

看護師：「早くお母さんを呼んで、退院の話をして下さい。これまで退院ができなかったのだから。この機会を逃したら退院できなくなる。先生には病棟から話をします」

私　　：「もう少し待って下さい。シュウイチさんのタイミングがあると思うので」

看護師：「そのタイミングを待てば退院できるの？」

私　　：「私は、本人のタイミングで退院してもらいたいです」

看護師：「それは芦沢さんの希望でしょう。病院の方針で入院が長い人は退院してもらわないといけないのだから。この機会に退院してもらいましょう。シュウイチさんだけ、特別扱いはできません」

私　　：「でも、無理に退院をさせて、再入院になったら、今度は本当に退院することができなくなりそうな気がします」

看護師：「病棟は病院から何人、退院させなさいという割り当てがあります。病院に報告しないといけません。シュウイチさんが退院できず、目標が達成できなければ、私達の責任にされてしまいます」

私　　：「でも、だからといって、無理にさせるのは違うように感じます」

看護師：「なら、芦沢さんが一人でやりなさい。私達は協力しませんから。シュウイチさんの退院に芦沢さんが責任を持ちなさい」

私　　：「分かりました」

私は看護師からの話に咄嗟にそう答えていた。答えた結果、私は周囲から孤立した。「シュウイチさんの退院は私しか支えることができない」私はそう思った。

●退院の障壁は、病院までの交通手段

シュウイチさんが退院するためには、障壁があった。退院しても、シュウイチさんが自宅から病院まで通う交通手段がなかった。タクシーはお金がかかる。バスは精神保健福祉手帳を持っているので、割引になるが、シュウイチさんの自宅周辺から病院近くまで行くバスがない。免許を持っていないので、自動車、原付は使えない。そもそも、免許があっても、自動車や原付が自宅にはない。それを買うお金

もない。歩くと五〇分ほど、自転車では二五分ほどかかる。病院に置きっぱなしになっていて、所有者不明で捨てる予定だった自転車を譲ってもらうことにした。シュウイチさんに聞くと、自転車は乗れると話していた。

デイケアの体験終了後、私は病棟に行き、シュウイチさんに声をかけ、シュウイチさんに自転車に乗ってもらうことにした。乗ってもらうと、ハンドルを安定して握ることができず、シュウイチさんの乗る自転車は右に左にと方向感覚を失っていた。シュウイチさんは自転車に乗れなかった。まずは、自転車に乗る練習をする必要がある。私はデイケア終了後、シュウイチさんが乗る自転車の横を一緒に走り、病院の周りをグルグル回った。私の都合で休むこともあったが、練習を一か月続けると、シュウイチさんの運転も安定したものになった。

次は、病院から自宅まで行けるか。私は自分用の自転車を用意し、一緒に病院から自宅まで自転車に乗り、行ってみることにした。病院を出て、自宅に行くには大通りを通る必要があった。それまで順調に進んでいたが、大通りに出ると、シュウイチさんは自転車を止めた。

私　　　　　　：「どうしました？」
シュウイチさん：「怖い」
私　　　　　　：「怖い？　何が？」
シュウイチさん：「人が怖い」
私　　　　　　：「何かされるような感じがしますか？」

シュウイチさん：「違う」
私　　　　　　：「どういうことですか？」
シュウイチさん：「見えない。人がどこにいるか見えない」
私　　　　　　：「はい？　見えない？」

シュウイチさんは、二〇代の頃に買った眼鏡を使っていた。年とともに視力は落ちてきたものの、入院生活を送っていたため、特に困ることがなく、時間が経過していた。シュウイチさんの眼鏡が視力と合っておらず、シュウイチさんはよく見えずに運転していた。練習の時は、シュウイチさんがよく知っている場所だったため、見えていなくても感覚で運転することができたが、大通りでは人も多く、よく見えない状況にシュウイチさんは怖さを感じた。その日は自宅へは行かず、病院へ戻った。病院へ戻り、母へ連絡し、眼鏡が合わないため、購入したい旨、母に伝えた。母からは高額でなければ、購入しても良いと言われた。

シュウイチさんと一緒に眼鏡の量販店に行き、新しい眼鏡を購入した。シュウイチさんの前の眼鏡をかけた上での視力は〇・四。一・〇まで見える新しい眼鏡をかけたシュウイチさんは「おお！　見えるね」と話していた。翌日から自宅までの自転車の練習を再開した。

自宅までの自転車の運転は順調だった。母も最初は、自宅へ行くと、「スイマセンね。ご迷惑をかけて」だけ言い、部屋に戻っていたが、何回か繰り返すと、「いつもスイマセンね」と言いながら、私とシュウイチさんにアイスキャンディーとタオルを渡してくれた。

●「母さん。退院しても良いかな？」

自宅から病院までの交通手段は確保できた。日中、通うデイケアにも慣れた。あとは、母の承諾を得るだけ。そこをどうしたら良いか、私は悩んだ。「芦沢さんが責任を持て」と看護師から言われたため、看護師に助けを求めることはできない。私は正直に母に話してみようと思った。母は月に一回、入院料の支払いのために、タクシーに乗り、病院に来ていた。支払いを終えると、本人の面会に来ていたので、その時に話をすることにした。

私：「お母さん、こんにちは」

母：「あらあら、芦沢さん。いつも、シュウイチがお世話になっています」

私：「いえいえ、お世話になっているのは私ですよ」

母：「そんな」

私：「いつもご自宅に自転車に乗ってうかがう時は、気を遣わせてしまい、申しわけありません」

母：「ここ最近、暑いですから。熱中症にでもなったら大変です」

私：「ありがとうございます。お母さんは最近のシュウイチさんをご覧になっていかがですか？」

母：「身ぎれいにするようにもなって。自転車に乗っているからか、健康になった感じがします」

私　　　　　　　　　：「そうですか。私はシュウイチさんが退院できないかなと思っています。ただ、退院に当たっては、お母さんの心配も大きいと感じています。今、シュウイチさんはデイケアというものに通っています。一日のプログラムで、食事も出ます。夜までいれば、風呂に入れます。洗濯もできます。費用については、洗濯代はかかりますが、その他のお金は医療費なので戻ってきます。入院している今の形と大きく変わりません。今と違うのは、夜に寝るのが自宅ということだけです。お母さんの心配があれば、私の方に連絡をいただければ、ご自宅にうかがいます。いかがでしょうか？」

——暫くの沈黙——

シュウイチさん：「母さん。退院しても良いかな？」

母　　　　　　　　　：「仕方ないね」

シュウイチさんの退院が決まった。私はシュウイチさんが母に自分の口で退院について話したことが嬉しかった。シュウイチさんの担当となり、退院が決まるこの日まで半年の時間が経過していた。退院日、迎えにきた母と一緒にシュウイチさんはタクシーに乗り、退院した。「やった〜」、私はシュウイチさんが乗ったタクシーを見送りながら、一人でガッツポーズをしていた。その後、自分に降りかかることになる問題をその時の私は分からなかった。

翌日、シュウイチさんは自転車でデイケアに通い、一日過ごし、自宅へ帰った。シュウイチさんはその後も順調に退院後の生活を続けた。

●孤立する私

退院促進のPTの会議で、シュウイチさんの退院と退院後の状況について報告した。PTのメンバーは「良かったね」と口々に言っていた。その時、シュウイチさんの入院していた病棟から参加した看護師が話し始めた。

看護師：「今回、シュウイチさんが退院できて、良かったと思います。入院が二〇年を越えた人が退院できたことに驚きました。シュウイチさんのことについては、相談員の芦沢さんも頑張ってくれたと思います。でも、芦沢さんだから、相手がシュウイチさんだったからできたとも思います。病棟は他の入院患者もいるので、特定の患者を特別扱いすることはできません。今回の芦沢さんの対応は度を超えていたと思います。芦沢さんは他の患者さんにも同じことをするのですか？　他の相談員さんも芦沢さんと同じことをするのですか？　個人プレイでは困ります」

PTの会議の場が沈黙で包まれた。誰も発言することができず、その話は持ち越しとなり、その日はそのまま解散となった。会議の前に病棟では話し合いが持たれ、病棟の意見として会議で発言することになったとの話を、他の病棟の看護師から聞いた。私はますます孤立することになった。

ＰＴの取り組みの効果もあり、三〇〇人程の入院患者が二七〇人まで減った。私は事務長に呼ばれた。事務長からは、「もうこれ以上、退院促進をしなくて良い。これ以上、入院患者が減れば、職員の人件費を維持することができない。ＰＴも当初の目的を果たしたので、解散してもらう」と言われた。精神科の入院は三か月が基準と言われる。一人の長期入院者は病院とすれば、一年を通じて病床を埋めてくれる存在。一人の長期入院者が退院すると、三か月の入院の患者を四人集める必要がある。その数が増えれば増えるだけ、新規の入院者を集めなければならず、集められなければ病院は減収となる。取り組めば取り組むほど、自分達の首を苦しめることになる。病院は退院するところではないのか？　私は何のためにここにいるのか？　私は今後、どうしたら良いのだろう？　私は途方にくれた。

●「相手を見ているけど、同時に相手から見られている」

私はケイコ先生に連絡し、振り返りの時間を取ってもらうことにした。

私　：「こんにちは」
先生：「こんにちは。来ていたのね。待った？」
私　：「待っていません。私も先程、来ました」
先生：「そう。それなら良かった。では、始めましょう。いつものように事例の概要を教えて」
私　：「はい。事例はシュウイチさん。六二歳の男性です。母と兄との三人暮らし。父はすでに亡くなっています。兄は行方不明で、家族は母のみです。中学を卒業後、建設現場、新聞配達、工場等で働いていますが、二六歳の時に独語が見られ、家族に付き添われ、精神科を受診し、入院しています。二か月間入院し、退院。退院後は工場の仕事に戻りますが、仕事中に独語が見られ、それを理由に退職。その後は自宅で独語を言い、『俺はここの家の人間ではない』と家を飛び出し、行方不明になったりしました。家族が困り、病院に連れてこられて、入院。私が担当した時は、入院期間が二〇年を越えていました」

先生：「そう。長い人なのね。あなたが担当になったのは、どういう経緯から？」

私　：「医師の退職が相次ぎ、長期入院者の退院促進が病院の方針として出されました。院内で退院促進についてのPTが作られ、私がその構成メンバーに入りました。PTでは独自のプログラムを作成し、実施するとともに、長期入院者の担当となり、直接支援することになり、シュウイチさんはその時に私が担当になりました」

先生：「シュウイチさんは退院できる状態なの？」

私　：「入院中に他患とトラブルになることはなく、独語はあるものの、それ以外に問題になることは何年もありませんでした。病状としては安定していて、退院ができる状態でした」

先生：「それなら、これまでも退院は検討されたのでしょう？」

私　：「はい。何度か検討されましたが、上手くいきませんでした」

先生：「どうして？」

私　：「母が高齢で本人を支えることができず、本人も母を気にしてか、退院を望みませんでした」

先生：「今回、あなたはシュウイチさんとどのように関わろうと思ったの？」

私　：「シュウイチさんを見た時、学生の時に実習で担当したタケシさんを思い出しました。タケシさんの時は何もできなかったけど、今度は支えになりたいと思いました」

先生：「実習の時って、入院歴五〇年の人のことね」

私　：「はい」

先生：「支えになるために、あなたは何をしたの？」

私　：「どうすれば、話が進むのかを考えました。母が高齢で本人を支えることができない。それを気にして本人が退院を望まないのは私にも理解できます。ならば、母が支えなくても良い形ができれば、話は進むのではないかと思いました」

先生：「具体的にはどういうこと？」

私　：「入院している今と大きく変わらない形を提供できれば良いのではないか。具体的にはデイケア、ナイトケアを利用すれば、日中の間、本人は自宅から出ており、食事もお風呂も洗濯も病院で済ませることができます。自宅は寝るだけ。本人にとっても、母にとっても今の生活を大きく変えずに受け入れやすいと思いました」

先生：「それを進めるために、あなたはどうしたの？」

私　：「まずは体験することを本人に勧めました」

先生：「体験して、どうだったの？」

私　：「入院が長かったので、デイケアに行ったら、知っている人が多く、声をかけてもらえ、時間をかけずに本人はデイケアの生活に慣れることができました」

先生：「そう。良かったわね。そして、どうなったの？」
私　：「デイケアの生活には慣れましたが、一番大きな問題として自宅から病院までの交通手段を確保する必要がありました。お金をかけることができないので、病院から自転車を譲ってもらいました。シュウイチさんは自転車に乗れると話していましたが、実際に乗ってもらうと上手く乗れず、自転車に乗る練習をしました」
先生：「あなたも乗ったの？」
私　：「はい。乗りました。最初は病院の周り、次は自宅までの往復をしました。でも、問題が生じました」
先生：「何があったの？」
私　：「自宅まで行く途中で、シュウイチさんが『人が怖い』と言うので、確認すると、本人の眼鏡が視力に合っておらず、しっかり見えていないことが分かりました。母に連絡し、眼鏡は新たに購入しました」
先生：「シュウイチさんは退院できたの？」
私　：「できました。シュウイチさんが自分でお母さんに退院について話し、お母さんが承知してくれました」
先生：「良かったわね」
私　：「はい。シュウイチさんは良かったのですが、他が……」
先生：「それが今回のあなたの困り事ね」

私　：「はい。シュウイチさんの退院を進めるに当たり、私は病棟の意見を受け入れませんでした。病棟はデイケアの体験が軌道に乗った時点で母を呼び、主治医から退院について話してもらうように私に言いました。でも、私は本人のタイミングを優先してほしいと言いました。そしたら、あなたが退院について責任を持ちなさいと言われ、その後は私のすることに協力をしてくれませんでした」

先生：「あなたはその時、どう思ったの？」

私　：「私がするしかないと思いました」

先生：「結果として、シュウイチさんは退院した。でも、それで終わらなかった？」

私　：「はい。シュウイチさんの退院の報告を会議でした際に、病棟の看護師より病棟の意見として、芦沢がシュウイチさんを特別扱いしている。芦沢は他の患者にも同じことをするのか？　他の相談員も芦沢と同じことをするのか？　個人プレイは止めてほしいと言われました」

先生：「あなたはどう思ったの？」

私　：「確かに、病棟からあなたが責任を持てと言われ、どうにかして退院させたいと強く思いました。他の患者以上に力が入っていたと言われれば、そうかもしれません。でも、他の担当であっても、シュウイチさんと同じ状況であれば、私は同じことをします」

先生：「そう。あなたはそう思っているのね。あなた、強くなったわね。今日のテーマはポジシコニングね」

私　：「ポジショニング？」

先生：「自分をどこに位置づけるか、どこのポジションを取るかの問題ね。そして、大事なことはポジションを決めたら、勝手に変えないこと。今回、あなたは相手の側にいると決めた。そして、そこから逃げなかった。私はそこが良かったと思うわ。もちろん、組織の中で仕事をしている以上、組織が求めることと自分が思っていることで軋轢が生じてしまう。そこで、自分の立ち位置を定められるかが大事なの。組織から言われて、コロコロ態度を変える人をあなただって信じられないでしょう？」

私：「はい。信じられません」

先生：「あなただからできたと言われた。そうね。確かにそうかもしれない。でも、それはいけないことなの？ 態度を変えないあなただから、本人も、家族も受け入れた。私はそう思うわ。よく若い子は、自分達の仕事は相手を見る仕事だと思っているけど、違う。私達は相手を見ているけど、同時に私達は相手から見られている。どんな人か？ 信じていいのか？ といったように評価されている。その自覚を持つことが大事なの。そのまま、やってみなさい」

私：「はい」

●自分を見失い、病院を退職

私は勇気をもらったように感じた。このままでいい。やれるだけやってみよう。私は気持ちを新たにした。それ以降、私はこれまで以上に事例にのめり込むようになっていった。休みをほとんど取らず、新規の相談を次々と受けていった。自分は周りに認められる人間になる。私は何かに追い立てられるように仕事を続けた。二か月後、私は眠れなくなった。休憩時間も椅子に座っていられず、ずっと病棟内を歩き続けた。食事もあまり取らず、体重は八キログラム減り、履いていたズボンはベルトをつめないとずり落ちてしまう状態となった。

相手との距離を気にして、相手の世界に飛び込めなかった私が覚悟を決めた。飛び込み、相手に振り回され、疲弊する中で、それでも関わり続けた。関わり続けることで見えてくることがあると思い、やり続けた。結果、私は自分自身を見失った。私は相手と向き合うことができなくなっていた。このままではダメになる。「ソーシャルワーカーになりたい」、その気持ちだけは捨てたくない。私は勤務していた病院を退職した。強制的に休むことにした。

休みの間、私は図書館に通い、読めなかった本を読んだ。向谷地生良さんの『統合失調症を持つ人への援助論』。この本の中に、「ソーシャルワーカーのための五つの『すすめ』、七つの『わきまえ』」という文章が収められている。「七つの『わきまえ』」の一つに、一番手ごわいクライエントという文章がある。

長い間、ソーシャルワーカーとして仕事をしながら、一番重んじてきた大切な〝わきまえ〟は、私が出会った数多くのクライエントの中で、最も手ごわい相手は「私というクライエントである」という深い自覚である。周囲に迷惑をかけ続けたアルコール依存症のクライエント、統合失調症を抱え、〝爆発〟を繰り返すクライエント、実にさまざまなクライエントと出会ってきたが、その中で、最もかかわりの難しかったクライエントは、誰でもなく「私自身であった」のである。そして、それはこれからも変わらないだろう。その根拠を問われたならば、私はこういうようにしている。「根拠はないが、どんなときでも、そう考えることにしている」と。

私は、私というクライエントと関わることになった。「大変だな～」、図書館の椅子に座り、窓の向こう側の青空を見ながら、そう思った。

〈参考文献〉
芦沢茂喜　2008「精神科長期入院者への退院支援——ソーシャルワーカーの立場から、退院準備プログラムの実践を通して」『医療社会福祉研究』16：101-110
芦沢茂喜　2009「精神科病院における退院支援—実践結果と今後の課題—」『医療社会福祉研究』17：55-63
芦沢茂喜　2010「精神科入院者への退院支援—家族状況に焦点を当てて—」『医療社会福祉研究』18：71-80
向谷地生良　2009『統合失調症を持つ人への援助論——人とのつながりを取り戻すために』金剛出版

第4章

私があるのは、私という道具だけ

●市の「こころの健康相談」

「病院を退職します」

ケイコ先生に電話で報告した時、「ソーシャルワーカーを辞めるの？」と聞かれた。「ソーシャルワーカーになりたい気持ちを諦めたくないので、病院を辞めます。少し休み、仕事と距離を取り、向き合いたいと思います」と答えると、ケイコ先生は「そう。ならいいわ。休む時はしっかり休みなさい。あなたは自分のことを大事にできないから。休める時にしっかり休みなさい」と言われた。

病院に行かなくて良い。人と会わなくて良い。退職したので、当たり前だが、私はどう過ごしたら良いのか分からなかった。退職する時は、次の職場を決めるものなのかもしれないが、私は休むことが目的だから、次の職場を決めなかった。何にも拘束されない時間。自由のはずが、どう過ごせば良いか分からず、その不自由さに苦しんでいた。

退職後、一か月ボーッと日々を過ごしていると、仕事を通じて知り合った同業者から、仕事を依頼されるようになった。体調を考え、フルタイムの仕事は断り、非常勤の仕事をいくつかすることにした。

看護学校の非常勤講師、市町村が月に二回程、住民を対象に実施している「こころの健康相談」を担当する相談員など、これまでとは違う仕事を選んだ。

その当時、各市町村では自殺対策基本法の制定・施行を受け、普及啓発や住民への相談窓口の設置などが行われていた。月に数回、精神科医や臨床心理士への相談日を設けるところも多かった。ただ、精神科医や臨床心理士が依頼できない場合もあり、そのような時は私のように何もしていない精神保健福祉士に声がかかった。

●病院の紹介を希望したキョウコさん

私がキョウコさん（仮名）と会ったのは、ある市の「こころの健康相談」を私が担当していた時だった。「こころの健康相談」と言っても、私の勤務は月に一〜二日。一日に担当するのは四人。一人一時間で、午前二人、午後二人という形だった。私は定期的に相談を受けることができないため、相談には地区担当の保健師が同席し、私がいない日は地区担当の保健師が継続的に相談を受ける形が取られた。

キョウコさんは六〇代前半の女性。体型は小柄で、髪は短く、顔は日焼けをしていた。事前にキョウコさんより相談の予約を受けた保健師からは、「うつ病で精神科病院に通っているが、通っている病院の先生と合わず、違う病院を紹介してほしい」との内容を聞かされた。

私　…「こんにちは。相談を担当させて頂きます、芦沢茂喜と申します。どうぞ、おかけ下さい」

キョウコさん：「こんにちは。よろしくお願いします」
私：「事前に電話で保健師に話された内容はうかがいました。今、精神科に通っていて、その先生と合わず、他の病院に変えたいと希望している。それで間違いはないですか？」
キョウコさん：「間違いないです」
私：「そこの病院はいつから通われているのですか？」
キョウコさん：「半年前からです」
私：「そうですか。半年前。どういう経緯で受診をされたのですか？」
キョウコさん：「眠れなくて。息子に相談したら、『うつ病かもしれないよ。病院に行っておいでよ』と言われ、家から一番近い病院を探し、かかりました」
私：「そうだったのですね。先生と合わないとはどういうことですか？」
キョウコさん：「眠れないと先生に話すのですが、『この薬を飲んでいれば大丈夫。様子を見るように』と言われ、薬を変えてくれない。でも、薬を飲んでいても、状況が変わらないんです」
私：「状況が変わらなければ、先生を変えたいと思いそうですね」
キョウコさん：「はい」
私：「キョウコさんはどんな先生が良いですか？」
キョウコさん：「話を聞いてくれる先生です」

私　　　　　　：「話を聞いてくれる先生。そうですね。そういう先生が良いですね。息子さんは、今の先生のことを何か言っていますか？」

キョウコさん：「『母さんにとって、その先生が嫌なら、他の先生のところに行ってみなよ』と言ってくれます」

私　　　　　　：「優しい息子さんですね」

キョウコさん：「優しい息子です」

私　　　　　　：「キョウコさんは今、どなたとお住まいですか？」

キョウコさん：「息子と二人暮らしです。元々、息子は大学を卒業した後、県外に出て、営業の仕事をしていました。私は夫と二人で暮らしていました。夫が一年前に心臓の病で亡くなり、一人になった私を心配した息子が仕事を辞め、家に戻ってきてくれました」

私　　　　　　：「そうなのですね。実家に戻り、息子さんは仕事をどうされたのですか？」

キョウコさん：「家が農家なので、今は息子と二人で果樹を栽培し、出荷しています」

私　　　　　　：「元々はご主人と二人で農家をされていたのですか？」

キョウコさん：「はい。夫は家のことを私に任せっきりで、自分勝手に生活していました。二年前、夫が六〇歳になった時、夫から『これまでワガママに生きてきた。息子も家を出て、お金がかからなくなった。二人が生活していけるだけの稼ぎでいい。収穫量を減らし、休みを取り、これまで行けなかった旅行にでも行こう』と言われました」

私　　　　　　：「そうなのですね」

キョウコさん：「でも、夫は亡くなってしまった。落ち込む私を心配して、息子は『俺が家に戻るから、父さんの畑を一緒にやろう』と言ってくれたのです」
私：「息子さんの気持ちが嬉しいですね」
キョウコさん：「嬉しかったです。でも……」
私：「今回、キョウコさんは眠れず、精神科を受診されたとのことですが、何かキッカケがありますか？」
キョウコさん：「交通事故です」
私：「交通事故。話せる範囲で教えていただけますか？」
キョウコさん：「息子に頼まれ、機材を家まで取りに行き、車で畑に向かう途中で、後ろから追突されました。それで鞭打ちになり、病院へ行きました」
私：「そうですか。それは大変でしたね。鞭打ちはどうですか？」
キョウコさん：「吐き気が続きましたが、今は肩がはる程度で。鞭打ちについては、病院に行っていません」
私：「そうですか。眠れなくなったのは、いつ頃からですか？」
キョウコさん：「交通事故の一か月後からです。もちろん、事故直後は吐き気もあり、なかなか寝付けないこともありましたが、ほとんど眠れないと感じるようになったのはその頃からです」
私：「事故の相手とは、示談は成立しているのですか？」

キョウコさん：「成立しています。ただ……」
私：「ただ、何かありましたか？」
キョウコさん：「相手は二〇代の女性でした。携帯電話で話しながら運転していて、前の私の車が停まったことに気づかず、ぶつけてしまったと言っていました」
私：「相手が一方的に悪いですね」
キョウコさん：「そうなんです。でも、女は私のところに謝りには来ませんでした。代わりに旦那さんが菓子折りを持って謝りに来ました」
私：「それは納得できないですね」
キョウコさん：「納得できません。私は息子とこれから畑を頑張っていこうとしていました。それをあの女がダメにした。でも、あの女は謝りに来ない。私、息子に合わせる顔がないのです。息子は自分の仕事を辞めて、来てくれた。それなのに、私は……」
私：「そうですね。それは、辛いですね。自分の気持ちをどこに持っていって良いのか分からなくなりそうですね。でも、だからこそ、キョウコさんは今日、ここに来てくれたのかもしれませんね。キョウコさん、一個一個やっていきましょう。病院を変えることはできます。私もご紹介します。でも、まずは話をしましょう。次回の予約を取っておきましょう」
キョウコさん：「はい。よろしくお願いします」

二週間後、約束をした相談日に現れたキョウコさんは笑顔だった。

私　　　　：「こんにちは」

キョウコさん：「こんにちは」

私　　　　：「笑顔が素敵ですね。何かありましたか?」

キョウコさん：「前回、こちらで相談をした日の夜に、息子にどんな話をしたのか報告したんです。夫が亡くなり、気持ちが沈んでいるところ、息子が戻ってきてくれて、これからって時に事故に遭い、事故の相手への怒りと息子への申し訳なさがあることを話したと伝えたんです。息子に話をしていて、そういえば、息子に私の気持ちを話していなかったな〜と思ったんです。息子は黙って聞いてくれて、『母さん、そんな気持ちだったんだね。俺のことは気にしなくていいよ。俺は母さんが大きな怪我をせずに済んで、良かったと思っている。仕事が一段落したら、旅行にでも行こう』と言ってくれたんです」

私　　　　：「それは良かったですね。優しい息子ですね」

キョウコさん：「ええ、本当に。息子の話を聞いて、私は何を気にしているのだろうと思いました。息子と旅行に行けるように、やっていきたいと思います」

私　　　　：「そうですか。良かったですね」

キョウコさん：「はい」

●自分の実践を言葉にする

キョウコさんは笑顔で面接室から出て行った。私は前回の面接で何をしたのだろう？　何がキョウコさんに影響を与えたのだろう？　キョウコさんにとって良かったのであれば、そのままにしてしまっても良いのかもしれない。でも、私はそれを言葉にする必要があると思った。私はケイコ先生に連絡をし、振り返りの時間を取ってもらうことにした。

私　：「こんにちは」
先生：「はい、こんにちは。病院を辞めて、体調はどう？」
私　：「はい、眠れるようになりました。食べられるようにもなり、体調も戻りました」
先生：「そう。それは良かったわね。今は何をしているの？」
私　：「今は、病院に勤めていた時に知り合った人達から声をかけてもらい、非常勤の仕事を掛け持ちでさせていただいています」
先生：「今日は自分がした面接を振り返りたいということだけど、どういうこと？」
私　：「今、ある市のこころの健康相談の相談員を担当しています。そこにキョウコさんという方が相談に来ました。こころの健康相談は月一～二回のため、継続的な関わりが持てません。キョウコさんとも二回しか会っていません。ただ、二回の面接でキョウコさんは笑顔になりました。キョウコさんは何で笑顔になったのか？　私は面接で何をしたのか？　言葉にしておく必要があると思いました」

先生：「言語化は大事ね。仕事をし始めると、最初は分からず、オロオロするけど、時間が経つと、なんとなく仕事ができているように感じてしまう。それは仕事ができているのではなく、ただ仕事に、職場の環境に慣れただけ。仕事ができているかを判断するためには、言葉にする必要があります」

私　：「はい」

先生：「あなた、臨床推論という言葉を覚えている？」

私　：「先生が以前、そのような言葉を話されていたことは覚えていますが、内容についてはスイマセン、よく覚えていません」

先生：「臨床推論とは何が起こっているのか、優先すべき問題は何かを考えながら行動する臨床下の思考プロセスのこと。意識していないかもしれないけど、私達は推測しながら、話を聞いている。それを言葉にできるか否かが大事よ」

私　：「はい」

先生：「あなたが学生の時、プロセスレコードを書くように言ったでしょう。相手と面接をしたら、相手の発言、相手の表情等の客観的情報、それに対するあなたの評価、その上でのあなたの発言といったように、相手と自分との会話の応答を書き、後で振り返るという作業をしたでしょう。あれは、臨床推論を意識したものよ」

私　：「はい。そうだったんですね」

先生：「では、あなたの面接を振り返ってみましょう。まずは、キョウコさんと話をする前、あなたはどのようなことを思ったの？」

私　：「保健師より、事前の電話予約の際に、キョウコさんは精神科に通っているが、主治医と合わず、他の病院に変わりたい、他の病院を教えてほしいと話していたとの話を聞かされました。私はそれを聞いて、不思議に思いました」

先生：「何が不思議だったの？」

私　：「病院を探すのであれば、インターネットを見れば分かる。インターネットを見られなくても、応対した保健師が調べ、伝えることもできると思います。それなのに、わざわざ予約を取り、時間を作り、市役所まで来る。キョウコさんが話をしたい何かがあるのかなと思いました」

先生：「キョウコさんに最初に会った印象はどうだったの？」

私　：「キョウコさんは小柄な女性。顔は、鼻から下が日焼けをしていました。首回りは日焼けをしておらず。腕の表側が日焼けをしていました。健康相談を実施している市は果樹の栽培が盛んな地域。キョウコさんは農家かなと思いました。でも、農家なら、なおさら不思議でした」

先生：「どういうこと？」

私　：「私が相談を受けたのは六月。この地域の果樹は夏に収穫の時期を迎えます。私の家も農家をやっていたので分かりますが、六月はそれに向けて猫の手も借りたいくらい忙しい時期です。その忙しい最中、日中の時間を使って、わざわざ来るというのはどのような理由があるのだろうと思いました」

先生：「まず、何を聞きましたか？」

私　：「事前の電話で、今回の相談目的として、精神科に通っているものの、その先生と合わず、他の病院に変えたいと希望していると話していたというので、それで間違いがないか聞きました」
先生：「まずは、相談目的を確認したのね」
私　：「はい。そしたら、キョウコさんは間違いないですと答えました」
先生：「それから、どうしたの？」
私　：「それからは、いつから受診するようになったのか、受診の経緯、先生と合わないとはどういうことなのか、どんな先生を希望するのかを聞きました」
先生：「それから？」
私　：「息子さんは先生を変えることについて何と言っているのかを聞きました？」
先生：「なぜ、そのことを聞いたの？」
私　：「精神科の受診を勧めたのは息子さんとキョウコさんは話していました。ご主人ではなく、息子さんの理由は何なのか？　ご主人がいるのに、息子さんの話が出てきたのであれば、キョウコさんにとって息子さんが特別な存在のような気がしました」
先生：「それで？」
私　：「息子は『母さんにとって、その先生が嫌なら、他の先生のところに行ってみなよ』と言っていたとキョウコさんは話しました。その時のキョウコさんが優しい表情をしたように私には見えました。なので、優しい息子さんなのですねと伝えました」

先生：「はい。それで？」

私　：「ご家族のことを聞こうと思いました。今、誰と住んでいるかを聞きました。そしたら、息子と二人暮らし。夫が一年前に亡くなり、県外に暮らしていた息子がキョウコさんを心配して戻り、息子と二人で果樹栽培をしているとの話がありました」

先生：「それを聞いて、どう思ったの？」

私　：「今回の相談内容にご家族のことが関係しているように感じました」

先生：「なぜ、そう思ったの？」

私　：「上手く言えませんが、その時はそのように感じました」

先生：「それであなたはどうしたの？」

私　：「家族の歴史を聞いてみようと思いました。キョウコさんからは、夫は自分勝手に生活してきたけど、二年前の夫の誕生日に、夫から、『これからは収穫量を減らし、休みを取り、これまで行けなかった旅行にでも行こう』と話されたとのエピソードを聞かせてもらいました」

先生：「それを聞いて、どう思った？」

私　：「これから新しい生活を始めていこうと思った時に、夫が亡くなってしまった。キョウコさんのショックは相当なものであり、そんな中だからこそ、息子が帰ってきてくれ、キョウコさんは嬉しかった。夫が亡くなり、果たせなかった新しい生活を息子と一緒に歩んでみようとキョウコさんは思ったのではないかなと思いました」

先生：「その話と今回の話はどうつながるの？」

私　：「そこが私も気になりました。なので、改めて今回、精神科を受診したキッカケについて聞きました。聞くと、機材を家まで取りに行き、車で畑に向かう途中で、後ろから追突される事故に遭ったとの話がありました。相手は二〇代の女性で、謝りに来なかったそうです」

先生：「それを聞いて、どう思ったの？」

私　：「キョウコさんにとって、新たな生活を送ろうとしていた矢先に交通事故に遭った。事故は仕方ないことかもしれませんが、今回の事故は相手の不注意によるもの。しかも相手は謝りに来ない。自分の人生を台無しにされた怒りと息子への申し訳なさがあるように感じました」

先生：「そうね。そういう気持ちかもしれないわね。それで、どうしたの？」

私　：「面接時間も決まっていたので、キョウコさんには次の約束を二週間後の相談日とし、別れました」

先生：「二週間後、どうだったの？」

私　：「キョウコさんは笑顔で現れました。キョウコさんは、相談日の夜に息子にどんな話をこころの健康相談でしたのか、話をしました。そしたら、息子がその話を受け止めてくれ、『仕事を一段落したら、旅行にでも行こう』と言ってくれたそうです」

先生：「そう、良かったわね。あなたはこれまで私に説明してくれたけど、説明してみて、どう？何でキョウコさんは笑顔になったと思う？」

私　：「先生に話をしていて、キョウコさんにとって息子さんに申し訳ないという気持ちが一番大きかったのだと思いました。その気持ちを息子さんに伝え、受け止めてもらえた。そのことで、前に進もうとキョウコさん自身が思えたのだと思いました」
先生：「そうね。その機会をあなたが提供できたのだと思うわよ。良かったじゃない」
私　：「はい」
先生：「今後、あなたはどのような現場で仕事をするのかは分からないけど、経験を重ねていく中でなんとなくできるようになってしまう。錯覚もあるかもしれないけどね。元々、センスがある子はセンスである程度できてしまうこともある。でも、それではダメね。自分が行っていることを言語化していく。それを繰り返していく必要があるの。あなたの武器って何だと思う？」
私　：「武器ですか？」
先生：「医者は聴診器や検査機器がある。看護師にも処置をする時の道具がある。でも、私達にはそんなものはない。あるのは私という人間だけ。私という道具をどれだけ高めることができるか、使えるようになるかが大事であり、そのためには言語化の作業を避けてはいけないの。分かった？」
私　：「はい」

帰りの電車の中で、奥川幸子さんの『身体知と言語』を読んだ。本の中にはこんなことが書かれていた。

臨床実践を自己検証できる段階にまで、援助者自身を引き上げていくことが重要になりますが、そのためには、日々の実践のなかで、援助者の身体のなかに入っているクライアントの言葉や全身の表情と援助者自身の感情や思考をまず、身体のなかから出して、言葉にしてみる作業が第一歩となります。できれば、書いて文章化して、再度眺めて考える、といった知的作業を繰り返していくことをお薦めします。援助者は、自分自身が社会資源のひとつであることを自覚し、「どのようなクライアントと問題状況に対して有用であるか」を常に自己検証を通して点検しておく必要があります。そして、自分自身の現段階での臨床能力を見積もりつつ、さらに援助の対象である「人と問題状況を理解する容器である自分の容量」を拡げられるように、有用な社会資源としての自分の腕を磨くことを怠らない、これがプロフェッショナルの心意気であり、責務でもあります。

「プロフェッシャル……」、私は呟いていた。ソーシャルワーカーには言語化が必要。プロセスレコードは学生時代、就職して少しの間は書いていた。でも、ここ何年も書いていなかった。「意識してやっていくしかないな。でも、ソーシャルワーカーへの道はまだまだ時間がかかりそうだな。今後、自分は何をしていくのだろう」とその時の私は思った。

〈参考文献〉
奥川幸子　2007『身体知と言語――対人援助技術を鍛える』中央法規出版

第5章

問題だと思っている人がいて、初めて問題になる

●休日・夜間の二三条通報

病院を退職した。病院ではないところで仕事をしてみた。病院にいた時は、守られていたと感じた。病院には医師、看護師、作業療法士、心理士などがいた。困れば、医師に聞き、医師がそう言っていると周りに言えばよかった。病棟があり、隔離する保護室があった。私は自分を守る道具をたくさん持っていた。病院ではないところでは道具はなく、私一人しかいない。私は一人でどれくらいのことができるのだろうか。私は病院以外の職場を探した。

その年、県職員の採用試験があった。「精神保健福祉士」を採用するという。山梨県は全国でも珍しく、「精神保健福祉士」を採用し、保健所や精神保健福祉センター等に配置していた。私はすでにある程度の年齢を重ねていたが、この年の採用試験から受験可能な年齢が上がり、私は受験し、採用された。私は、地域住民の精神保健福祉に関する相談に応じる「精神保健福祉相談員」として、保健所に配属された。保健所は、都道府県、政令指定都市及び特別区が地域保健法に基づいて設置する行政機関。犬や猫の保護、飲食店の営業許可、感染症等と共に、精神保健福祉を担当しており、精神保健福祉を担当

する職員は「精神保健福祉相談員」と呼ばれた。私は、これまでと全く違う環境に戸惑いながらも、新たなスタートを切ることになった。

配属された三か月後の晩。「ブー。ブー。ブー……」枕元に置いた携帯のバイブが鳴った。目を擦り、携帯を取ると、A警察という文字。時刻は二二時二三分。「あ～あ。出動かな？」溜息をつきながら、電話に出た。

私　：「保健所の芦沢です」
田中：「A警察の当直の田中と申します。二十三条通報のことでお電話しました」
私　：「どのようなことでしょうか？」
田中：「本人は三〇代の女性。本日、二〇時一〇分に一緒に住む夫から一一〇番通報。本人はうつ病で精神科にかかっているとの情報がありますが、詳細は不明。本日、トラブルになった理由もはっきりしませんが、夫と口論となり、本人が刃物を持ったとのことで、夫から警察に連絡が入りました。警察官が臨場した所、本人は興奮しており、自宅にそのままいるのは危険と判断し、警察署に連れてきています。このままの状態を放置することもできず、自傷他害のおそれがあると判断し、ご連絡をしました」
私　：「現在の本人はどのような状態ですか？」
田中：「夫と離れた部屋に、婦人警官と一緒におり、現在は落ち着いていています」
私　：「トラブルになったのは今回が初めてですか？」

田中：「以前からトラブルはあったようです。些細なことで口論となり、怒ると物に当たり、夫に手を挙げることもあったようです」

私　：「お酒は飲んでいますか？」

田中：「飲んでいません」

私　：「今日、薬は飲んでいそうですか？」

田中：「分かりません」

私　：「刃物というのは、どのようなものですか？」

田中：「台所にあった包丁です」

私　：「家族は他にいますか？」

田中：「子どもがいますが、本人が暴れたため、夫が自分の実家に連れて行っています」

私　：「分かりました。そちらにうかがいます。うかがうまでの間に、どこの病院にかかっているのか聞けるようであれば、確認をお願いします」

電話を切り、時計を見ると、時刻は二二時三〇分。「ここから警察に行き、調査をし、病院に行けば、帰りは朝だな。長くなりそうだな〜」独り言を呟きながら、顔を洗い、スーツに着替え、家を出た。

二十三条とは、精神保健及び精神障害者福祉に関する法律（以下、精神保健福祉法）の二十三条を指しており、そこには、「警察官は、職務を執行するに当たり、異常な挙動その他周囲の事情から判断して、精神障害のために自身を傷つけ又は他人に害を及ぼすおそれがあると認められる者を発見したときは、直ちに、その旨を、最寄りの保健所長を経て都道府県知事に通報しなければならない」と規定されている。私は、最寄りの保健所職員として、休日・夜間帯に、所属より貸与された携帯電話で、警察からの通報を受理した。

そして、受理した私は「都道府県知事は、……申請、通報又は届出のあった者について調査の上必要があると認めるときは、その指定する指定医をして診察をさせなければならない（精神保健福祉法第二十七条第一項）」との規定により、調査を行うために、家を出て、警察署に向かった。

警察署に到着したら、改めて保護までの経過を確認し、本人、家族に話を聞く。状況を確認し、調査の結果、診察が必要と判断した場合は、当番病院に連絡を入れ、本人、家族とともに病院へ行き、診察を実施。診察の結果、入院措置が必要との判断がなされた場合は、「都道府県知事は、……診察の結果、その診察を受けた者が精神障害者であり、かつ、医療及び保護のために入院させなければその精神障害のために自身を傷つけ又は他人に害を及ぼすおそれがあると認めたときは、その者を国等の設置した精神科病院又は指定病院に入院させることができる（精神保健福祉法第二十九条第一項）」との規定を受け、入院措置を取る。通報は多い時は年間一〇〇件を超え、一日二件が重なることもあった。

ただ、警察からの通報のうち、診察を経て、県が入院措置を取る事例は全体の一～二割ほど。なぜ、そのようなことになるのか？　警察は「異常な挙動その他周囲の事情から判断して、精神障害のために自身を傷つけ又は他人に害を及ぼすおそれがあると認められる者を発見した」ことを理由に通報を挙げる。おそれと書かれているように、客観的な判断だけでなく、主観的な判断が入る余地があり、警察署、担当の警察官により、二三条を挙げるか否かの判断にバラつきが出る。平日の日中の時間帯であれば、病院や市役所等も開いているが、それらが閉まる平日夜間、休日の時間帯は警察が保護しても頼る先がなく、警察からの二三条通報が多くなる。また、二十三条にならなくても、騒音などの迷惑行為で近隣等とのトラブルが生じ、警察を通じて関わりを求められる。私は病院以上に過酷な仕事を選んでしまった。

●近隣の悪口を大声で叫ぶハジメさん

ハジメさん（仮名）と会ったのは、警察からの連絡がキッカケだった。

昼休みの終わりを告げるチャイムが鳴り終わった一三時、私の前の電話が鳴った。

高橋：「A警察の生活安全課の高橋（仮名）です。芦沢さんはいますか？」
私　：「私です」
高橋：「いつもお世話になります」
私　：「こちらこそ、お世話になります」
高橋：「今、大丈夫でしょうか？」
私　：「大丈夫です」
高橋：「実は、先程A市の住民より、一一〇番通報が挙がりました。近隣の四〇代の男性が大声を出していると の内容で、警察官が臨場しました。ただ、大声を出しているという男性はそこにすでにおりませんでした。通報した方に話を聞くと、大声を出したのは両親と一緒に暮らす四〇代の男性。以前より大きな声で、近隣の悪口を叫んでいたそうです。相手は大柄の男性。初めの頃はすぐに収まるだろうと思っていたようですが、それが続いており、悪口を言われている近隣宅には娘さんがおり、娘に何かあったら心配との思いから、今回通報を挙げたようです。警察としてもこのままで良いとは思いません。ただ、大声を出したことを理由に警察として何か出来ることはなく、どうしたものかと思い、電話しました」

私　：「そうですか。その男性はどのような悪口を言うのですか？」

高橋：「相手の勤務している会社の名前を言い、バカヤローと叫ぶようです。近隣の人も本人とは会ったことがほとんどなく、何でそのようなことを言うのかも分からないそうです。言っていることが意味不明のため、精神的な問題があるのかなと思いました」

私　：「警察は本人宅には行かれましたか？」

高橋：「行って、お母さんと話をしています。お母さんは、本人がそのような悪口を言っていることは承知していました。ただ、何でそのようなことを言うのかはお母さんにも分からず、どうしたら良いかと話していました」

私　：「警察は、お母さんと連絡が取れますか？」

高橋：「取れます」

私　：「お母さんに私の名前と連絡先を伝えていただけますか？　お母さんとお話をしてみたいと思います」

高橋：「分かりました。連絡を入れてみます」

一時間後、母から私に電話が入った。

私…「はじめまして。芦沢と申します」

母…「A警察の高橋さんから、芦沢さんに電話をするように言われまして、お電話しました」

私…「ありがとうございます。近隣トラブル等も含め、警察に通報が入り、対応に困った時には私に連絡をいただくようにお願いをしています。そのため、警察の高橋さんから今回、ご連絡をいただきました。ただ、私は息子さんが近隣の方に向けて悪口を話したとの内容しかうかがっておらず、お名前等は一切、うかがっておりません。お話をうかがっても大丈夫でしょうか?」

母…「大丈夫です」

私…「まずは、本人のお名前を伺っても良いですか?」

母…「サトウハジメ(仮名)です」

私…「おいくつになりますか?」

母…「四三歳です」

私…「今はどなたと一緒にお住まいですか?」

母…「私と夫です」

私…「お母さんとお父さんと一緒なんですね。失礼ですが、お母さんとお父さんはおいくつになりますか?」

母：「私は六五歳です。夫は七〇歳です」
私：「ありがとうございます。住所もうかがって良いですか？」
母：「A市Bの一の三です」
私：「ありがとうございます。高橋さんからは、今日息子さんが近隣に向けて悪口を言ったとの話をうかがいましたが、どのような状況だったのですか？」
母：「私は話しているのを見ていたわけではありません。一階の居間で、昼食を一緒に食べた後、息子は二階の自分の部屋に行きました。そしたら、『俺がC社（会社の名前）に入ることを邪魔するな。バカヤロー』との声が聞こえました」
私：「本人がそのようなことを言ったことに心当たりはありますか？」
母：「分かりません。でも、この一か月ほど、本人が私達に自分がC社に入ることが決まったと話していました」
私：「それは本当の話ですか？」
母：「分かりません。本当なの？　と聞いても、本人は本当だ、本当だと言うだけ。あの子は以前から嘘をつくから信じられません」
私：「どういうことですか？」
母：「前も違う会社に決まったと言いましたが、結局は嘘でした。だから、今回も嘘じゃないかと思います」
私：「本人が悪口を言った近隣の方とはこれまで何かありましたか？」

母：「私や夫は自治会の集まりで一緒になることはありますが、あの子はそういう所には行きませんし、関わりはありません」
私：「近隣の方とC社は関係があるのですか？」
母：「詳しくは知りませんが、たしか旦那さんが勤められている会社だと思います」
私：「そうですか。本人は元々、今のご自宅の生まれですか？」
母：「元々はD市に住んでいました。あの子が三歳の時に、弟が生まれ、住んでいたのがアパートで狭かったので、今の分譲住宅を購入して、引っ越してきました」
私：「弟さんがいるのですね。ご兄弟はその他にもいますか？」
母：「おりません」
私：「弟さんはどちらにいらっしゃいますか？」
母：「県外で一人暮らしをしています」
私：「そうですか。本人は地元の小学校・中学校ですか？」
母：「地元のE小とF中学です」
私：「その後はいかがですか？」
母：「G高校に進学しましたが、勉強についていけず。友達との人間関係も上手くいかず、学校に行けなくなり中退。その後はアルバイト等をしますが、続きませんでした。気持ちが弱いのですよ。あの子は」
私：「気持ちが弱いとはどのようなことですか？」

母　：「仕事を始めても、同僚やお客さんから言われたことが引っかかり、本人は気にして、結局辞めてしまいます」
私　：「気持ちが優しいのですかね」
母　：「気が小さいのです」
私　：「お母さんは本人と話ができますか？」
母　：「できます」
私　：「今、本人はどこにいますか？」
母　：「昼過ぎに車で出て行って、まだ戻ってきていません」
私　：「戻ってきたら、本人に、『警察から電話があり、保健所の芦沢さんに電話をするように言われた。電話をしてみて』と伝えていただけますか？　何でと聞かれたら、『警察に言われたから、お母さんは分からない。とにかく電話をしてみて』と言って下さい」
母　：「分かりました」

その日の夕方、一七時過ぎ、本人から私の元に電話が入った。

私　　　　：「お電話、替わりました芦沢です」
ハジメさん：「サトウハジメです。今、家に帰ってきたら、母が電話するように言ったので、電話しました」

私　　　　　：「ありがとうございます。スイマセン、電話をいただいて。今日、大変でしたね。私は保健所というところに勤めています。近隣とのトラブル等も含め、警察に連絡が入ると、私のところにも連絡が入ることになっています。今回、ハジメさんに関することで警察に連絡が入ったとの話をうかがいました。詳細については、ハジメさんにうかがわないといけないと思っています。ハジメさんも今回のような騒ぎになり、困っていませんか？」

ハジメさん：「困ります。何で警察に話が行ったのか分かりません。僕は間違ったことを言っていないのに」

私　　　　　：「間違っていないのに、周りが理解してくれないと嫌ですよね。そうだと思います。今の状況をそのままにして、ハジメさんが不利になってはいけないと私は思っています。ハジメさんとお話をさせていただき、対策を一緒に考えさせていただきたいのですが、いかがでしょうか？」

ハジメさん：「別に構わないです」

私　　　　　：「私が自宅にうかがうこともできますし、ハジメさんにお手数ですが、私がいるところに来ていただき、お話をさせていただくこともできます。どのような形を取ったら良いでしょうか？」

ハジメさん：「家は嫌なので、そちらに行きます」

私　　　　　：「お手数をおかけしてスイマセン。私がいる所はH市役所近くの県の合同庁舎の一階になります。何となくでも分かりますでしょうか？」
ハジメさん：「その建物であれば、行ったことがあるので、分かります」
私　　　　：「お会いする日はいつがよろしいでしょうか？　私の予定で申し訳ありませんが、明日であれば一五時、明後日であれば一〇時の時間が空いています。どちらか都合が良い日はありますか？」
ハジメさん：「明日の一五時が良いです」
私　　　　：「分かりました。場所が分からない等、不明なことがあればこちらの番号に電話をいただければと思います。よろしくお願いします」
ハジメさん：「よろしくお願いします」
翌日の一四時五〇分、保健所の入口に目をやると、大柄の男性が入ってきた。「ハジメさんかな？」私は彼に近づき、声をかけた。
私　　　　：「サトウさんですか？」
ハジメさん：「はい」
私　　　　：「わざわざお越しいただき、ありがとうございます」
私は彼を相談室に案内した。相談室といっても、私が専用で使える部屋ではなく、真ん中に机が置かれ、椅子が四脚置かれた無味乾燥な部屋。まずは、彼に座ってもらい、私は彼の斜め前の椅子に座った。彼は身長が一七〇センチメートル以上あり、体重は一〇〇キログラムを超えているように見えた。ただ、体格は大きいものの、目は丸く、優しい顔立ちをしていた。

私：「改めまして、芦沢と申します。今日はよろしくお願いします」
ハジメさん：「よろしくお願いします」
私：「お名前をうかがっても良いですか？」
ハジメさん：「サトウハジメです」
私：「ハジメさん、身体が大きいですね。何かやられていたのですか？」
ハジメさん：「小さい頃から柔道をやっていました。高校も柔道の推薦で入りました」
私：「それは凄い。今もやられているのですか？」
ハジメさん：「高校の時に怪我をして、それ以来はやっていないです」
私：「そうですか。私は今回のことについて、よく分かりません。警察の方からは、ハジメさんが大声を出していたとうかがいましたが、何があったのですか？」
ハジメさん：「アイツらが悪いのです。僕の邪魔をするから」
私：「アイツらというのは？」
ハジメさん：「鈴木（仮名）です。あと、齊藤（仮名）です」
私：「邪魔をするというのは、どういうことですか？」

ハジメさん：「僕はCという会社に就職することになっています。先日も会社の社長から来月、来るように言われました。それなのに、鈴木と齊藤が僕の就職を邪魔するのです。『お前なんか就職できない』と言ってきます。だから、『俺の邪魔をするな。バカヤロー』と言いました。僕もそのようなことは言いたくないけど、社長が『来て欲しい』と言っているのを、部下の鈴木と齊藤が邪魔をするなんて良くないと思ったから」

私：「ちょっと待って下さいね。ホワイトボードに書いてみても良いですか？」

私は部屋の隅に置かれていたホワイトボードを彼の前に持ってきて、彼の横の椅子に移動した。

私：「ここがハジメさんの家だとすると、鈴木さんと齊藤さんの家はどの辺になるのですか？」

ハジメさん：「ここととここです」

私：「鈴木さんが道を挟んだ左隣。齊藤さんは少し離れた場所になるのですね。いつ頃からですか？」

ハジメさん：「三か月前からです。三か月前に社長がわざわざ僕の所に挨拶に来てくれたのです。それを知って、鈴木も齊藤も妬んでいるのだと思います」

私：「会社に行くのはいつからの予定ですか？」

ハジメさん：「来月の一日からです。本社勤務です」

私　　　　：「分からないので教えて下さい。本社はどこにあるのですか？」
ハジメさん：「東京です」
私　　　　：「住まいはどうされる予定ですか？」
ハジメさん：「会社が用意してくれます」
私　　　　：「仕事はされたことがある内容ですか？」
ハジメさん：「初めてです。でも、前から憧れていたから、できると思います」
私　　　　：「行かれるに当たって、心配はないですか？」
ハジメさん：「ないです」
私　　　　：「身体はどうですか？」
ハジメさん：「大丈夫です」
私　　　　：「気持ちはどうですか？」
ハジメさん：「大丈夫です」
私　　　　：「今日、ハジメさんのお話をうかがっていて、私は凄いな～と思いました。私であれば、周りから色々言われ続けていたら、気持ちの上でも参ってしまうような気がします。でも、ハジメさんはそれに立ち向かってきた。なかなかできることではないと思います。ただ、ハジメさんは大丈夫と話してくれましたが、知らず知らずのうちに、疲れてしまっていることもあるように感じます。保健所には医師相談という事業があります。ハジメさんが東京へ行かれる前に健康のチェックをしませんか？　具合が悪くなったら困るので、予防だと思ってやりませんか？　お金はかかりません」

ハジメさん：「大丈夫です」

私　：「私も大丈夫だと思いますよ。大丈夫なのを確認するためのものです。あとは、これから仕事をされるにあたり、どんなことに気をつけたらよいかを確認するためのものです。病院ではありません。あくまでも、医師と話をするだけです。それをしていただけると、私も安心です」

ハジメさん：「分かりました」

私　：「ありがとうございます。それでは、日程が八月六日の一五時になっています。その時間に今日と同じように来ていただければ、大丈夫です。場所もここで行います。今日は私とハジメさんですが、次回はここに先生が入るだけです。ぜひ、よろしくお願いします」

ハジメさん：「よろしくお願いします」

●どこで折り合うことができるか

ハジメさんの話を聞くと、精神疾患の影響が疑われた。受診し、投薬治療を受ければ、彼の状況も良くなるかもしれないと思った。医師相談にどうにかつなぐことはできた。でも、彼は会社の就職が決まった来月から勤務すると私に話した。彼がその前に行動に移したら、どうしよう？　ハジメさんが嫌がっても、説得し、受診させた方が良いのか。私はどう行動すれば良いのか。病院であれば他の職員に相談することができるが、ここでは私しかいない。

私は医師相談の前に、ケイコ先生に振り返りの機会を持ってもらうことにした。

先生：「こんにちは。元気そうじゃない。新しいところはどう？」

私　：「どうにかやっています」

先生：「これまでと違う？」

私　：「はい。違います。病院は様々な職種の人がいて、病棟等の環境があり、私を守ってくれるものがありました。今の職場は組織の中での仕事ではありますが、相手との関係は　私一人。誰も守ってはくれないため、孤独を感じます」

先生：「それだけ、自分が試されるということね」

私　：「はい」

先生：「保健所ではどのような相談が多いの？」

私　：「保健所では二三条通報に伴う相談や二十三条にはならなくても、近隣トラブルなどを理由に地域で事例化し、警察などからの相談が多いです」

先生：「そうね。保健所は本人が望まないところから相談を開始しなければならないから、そこに難しさがあるわね」

私　：「はい」

先生：「事例の概要は電話で聞いたけど、もう一度どのような事例か教えて」

私　：「はい。事例はハジメさん、四三歳の男性です。近隣の悪口を叫び、近隣が怖がり、一一〇番通報。実害がないので、警察が何かできるわけではありませんが、叫ぶ行為が続いているため、何もしないわけにはいかないとのことで、私に警察から相談の連絡が入りました」

先生：「ハジメさんはどのような悪口を叫んだの？」

私　：「相手の勤務している会社の名前を言い、バカヤローと叫んだそうです。会社の社長が自分に来るように言い、就職が決まっているのに、その人達が邪魔をする。邪魔するな。バカヤローと言ったとハジメさんは話していました」

先生：「そういう事実はあるの？」

私　：「ありません」

先生：「その人達がその会社に勤めているのは事実なの？」

私　：「それは事実です」

先生：「そう。何で、ハジメさんはそのようなことを言ったのかしら。住民とこれまでにトラブルはあったの？」

私　：「ありません。近所付き合いは両親がしており、ハジメさんがその住民と関わることはありませんでした」

先生：「そう。その住民とハジメさんが関係しそうなことはないの？」

私　：「分かりません」

先生：「では、ハジメさんのことをもう少し教えて」

私　：「はい。ハジメさんは地元の小・中学校を卒業後、高校に進学。人間関係が上手く築けず、中退。その後は就職活動をするものの、上手くいかず。アルバイトをしますが、続きませんでした」

先生：「アルバイトが続かない理由は何？」

私　：「人間関係です。同僚やお客さんから言われたことを引きずり、辞めたそうです」

先生：「中卒で、就職できなかったハジメさん。そんなハジメさんが社長から来るように言われ、就職が決まったと話す。あなたはどんなことを感じる？」

私　：「自己肯定感が低いハジメさんにとって、就職が決まったというのは一種の望みのように感じます」

先生：「そうね。そんなふうに感じられるわね。では、家族についても教えて」

私　：「はい。家族は父と母と弟。弟は県外で一人暮らしをしています。父は七〇歳、母六五歳です」

先生：「あなたは警察からの話を受け、どのように家族や本人と接点を持ったの？」

私　：「私がいきなり家族や本人に連絡するのもおかしいので、まずは警察から家族に保健所の芦沢へ連絡するように話をしてもらいました。そして、家族から連絡を受け、話をし、今度は家族から本人に『警察から電話があり、保健所の芦沢さんに電話をするように言われたから電話をして』と伝えてもらいました」

先生：「それで、本人は連絡してきたの？」

私　：「連絡してきました」

先生：「どうして、そのような対応を取ったの？」
私　：「事実を伝えることが良いと思いました。事実はハジメさんが悪口を叫び、通報が挙がり、警察が来たというものです。なので、警察から話があったというのが一番理由として良いと思いました。それと、ハジメさんは元々、気の優しい人だと思ったので、そのような理由であれば連絡してきてくれるのではないかと思いました」
先生：「そして、あなたの思ったとおり、彼は連絡をしてきた」
私　：「はい。もらった電話では、内容を聞かず、会っていただきたいと伝えました」
先生：「なぜ、内容を聞かなかったの？」
私　：「内容は会った上で聞こう。大事なことはお会いすることだと思いました」
先生：「会って、どういう話をしたの？」
私　：「ハジメさんが思っている内容の確認をしました。三か月前に社長が自宅に来たこと、それを近隣住民が妬んでいること、ハジメさんが行くのは東京の本社で、来月の一日から勤務すること、その会社は前から憧れていた会社だったことを聞きました」
先生：「その話を聞いて、どう思ったの？」
私　：「ハジメさんの内容が具体的で、本当に行動してしまうのではないかと思いました。精神疾患の影響を考え、受診につなげたい。でも、ハジメさんがすんなり良いと言うとは思えませんでした。なので、保健所で実施している医師相談につなげようと思いました」
先生：「どうやって話をしたの？」

私　：「異常か否かのチェックではなく、異常がないことを確認するためのチェック。今後、具合が悪くなったら困るので、予防のためにやりましょうと伝え、了解を得ました」
先生：「そう。それはいつやるの？」
私　：「来週の水曜日です」
先生：「それで、今あなたは何に困っているの？」
私　：「医師相談の前に行動を起こされたら、どうしよう？　その前に、ハジメさんを説得して、受診させた方が良いのか？　どうしたら良いのかで、困っています」
先生：「でも、あなたはハジメさんが納得する形にしたいと思ったのでしょう？」
私　：「思いました」
先生：「なら、それに付き合いなさい。彼との間のどこで折り合うことができるか、やってみなさい。無理をして、病院につなげば、確かにあなたは安心するかもしれない。でも、ハジメさんはもうあなたのことを信じないかもしれない。あなただけでなく、精神科というものを信じないかもしれない。あなたがどう振る舞うかが重要よ。今のあなたの不安の解消を目的に行動するのは止めなさい。折角、言語化できるようになってきたのだから、逃げてはダメ。向き合いなさい」
私　：「はい」

次の週の水曜日、医師相談の日。ハジメさんは現れた。医師相談の担当医師にあらかじめ、ハジメさんの概要は伝えていた。

医師は登山に例え、「登山をするためには装備が必要。衣類、食べ物、靴など。何も用意せずに行くのは危険。あなたの話を聞くと、一人で頑張ろうとしているように感じる。ここにいる相談員や私はあなたの装備になれるような気がする」とハジメさんに話した。

話を聞いたハジメさんは頷きながらも、「でも、来月には仕事に行きます」と話した。どうしたら良いのだろう？　私はハジメさんの母に連絡をした。ハジメさんは母にも来月には会社に行くと話していた。私は母に心配である旨伝えたが、母は「あの子は前もそんな話をしていたけど、結局何もなかった。今回も同じだから、心配ない」と話した。

本人が話していた一日、ハジメさんは動かなかった。私はホッとした。やはり、母の言ったとおりだった。

翌日の朝、母から私に電話が入った。

母　‥「芦沢さん、ハジメがいなくなった」
私　‥「ええ！」

ハジメさんは就職すると話していた会社と同じ地域にある工場に就職した。登録した派遣会社から工場に派遣され、会社が用意したアパートに入居したという。工場は二交代制で、一週間は日中勤務をし、その翌週は夜から朝までの勤務だった。母から内容を聞き、私は母に「ハジメさんが帰ってきたら、教えて下さい」と伝えた。

一か月半後、母からハジメさんが帰ってきたとの連絡が入った。私は自宅へハジメさんに会いに行った。

私　　　　：「ハジメさん。こんにちは。お久しぶりですね」

ハジメさん：「こんにちは」

私　　　　：「ハジメさん、痩せました？　顔がスッキリした感じがしますが」

ハジメさん：「痩せました」

私　　　　：「どのくらい痩せました？」

ハジメさん：「一〇キログラいです」

私　　　　：「それは結構、痩せましたね。食べていました？」

ハジメさん：「食べていませんでした」

私　　　　：「ハジメさんは、どんなところで働いていたのですか？」

ハジメさん：「仕事は二交代制で、最初の一週間は日中の勤務。次の一週間は夜から朝の勤務でした」

私　　　　：「体調を崩してしまいますね」

ハジメさん：「日中の時は良かったけど、夜の勤務の時は、朝に仕事が終わった後に寝ようと思っても眠れなかった。食事も満足に取れず、ほとんど水しか取っていなかった。眠っていないから、作業中に眠くなり、ミスをしてしまい、クビになりました」
私　　　　：「そうなんですね。大変でしたね」
ハジメさん：「でも、大丈夫です」
私　　　　：「どういうことですか？」
ハジメさん：「来月にはまた来るように言われています。今度は本社勤務ではなく、海外転勤もあるそうです。社長だけでなく、会長がそう言っていました。なかなか会いに来てくれないですよ、会長は」
私　　　　：「体調はどうですか？」
ハジメさん：「大丈夫です。食べられるようにもなり、眠れるようにもなりました」
私　　　　：「私は心配ですが……」
ハジメさん：「芦沢さんは心配症だな〜」
私　　　　：「ハジメさん。今度は海外転勤があるということですが、そうするとなかなか山梨には帰ってこられないですね」
ハジメさん：「そうですね。なかなか難しいです」
私　　　　：「私、ご両親のことが心配なんです。ご両親も年を取られ、先日お母さんに聞いたら、お父さんがこのところ物忘れが見られると話していました」
ハジメさん：「年を取れば、誰でも忘れっぽくはなりますよ」
私　　　　：「そうですね。でも、お父さんに何かあれば、お母さんが大変になる。ハジメさん、会社に行く前にお母さんと一緒にお父さんを病院に連れていってもらえませんか？　お母さんは運転ができません。お父さんは物忘れが見られ、心配なので、ハジメさんに手伝っていただけないかと思うのですが」

ハジメさん：「別にいいですけど」

翌週、認知症サポート医がいる病院を父は受診。アルツハイマー型認知症の診断を受けた。
受診後、母より連絡をもらった私は翌日、ハジメさんの自宅を訪問した。

私　　　　：「ハジメさん、お母さんから昨日のお父さんの受診の結果についてうかがいました。認知症だと言われたのですね」

ハジメさん：「はい。そう言われました」

私　　　　：「お父さんは物忘れが目立ちますが、まだ自分のことは自分でできています。ただ、いつまで自分でできるかは誰にも分かりません。当面は定期的な受診が必要になると聞いています。お母さんには先ほど話をしましたが、お父さんの年齢ぐらいの方の相談に応じる地域包括支援センターという機関があります。そこの人に来てもらって、お父さんの今後のことを相談しようと思っているのですが、ハジメさんはどうですか？」

ハジメさん：「相談できた方が良いと思います」

私　　　　：「そうですね。その方が良いように私も思います。地域包括支援センターには私から連絡を入れようと思います。当面はお父さんの受診ですね。次回が二週間後ですね。お母さんと何かお話をされていますか?」
ハジメさん：「僕が連れていこうと思います」
私：「え? ハジメさんが連れて行ってくれるのですか?」
ハジメさん：「母は運転できませんし、僕がするしかないかなと思います」
私：「そうですか。スイマセン。お母さんとハジメさんの負担が減るように、地域包括支援センターの職員とも話していきたいと思います。では、地域包括支援センターに連絡を入れ、次にうかがう日程を連絡しますね」
ハジメさん：「よろしくお願いします」

ハジメさんが会社に行くと言っていた日、ハジメさんは家に残った。その後も家にいて、二週間に一度の父の受診にハジメさんは同行した。地域包括支援センターの職員が訪問した際には、介護保険の説明などを母と一緒に聞いていた。

それから二か月後、ハジメさんは医師相談を担当した医師のところに受診した。父が受診をし、安定した生活を送るようになり、ハジメさんの気持ちも安定した。父のことで関わる機関を信頼するようになった。私は改めて、「介護をしている家族が心労で倒れるという話があります。父の介護をするようになり、ハジメさんの心身の健康が心配です。健康の確認に行きませんか」と伝えると、ハジメさんは「いいですよ」と答えた。そして、この間、医師相談で話をした先生のところだったら良いとも話した。その後も二週間に一回、受診を続けた。近隣への悪口を叫ぶという行動はなくなっていた。

●大事だったのは役割

私はケイコ先生に連絡を入れ、振り返りの機会を持つことにした。

先生：「あら、笑顔ね。どうしたの？」
私　：「ハジメさんが受診してくれました」
先生：「どうなったの？　まずは、続きから教えて。この間は医師相談につないだというところまでは聞いた。その後はどうなったの？」
私　：「医師相談で先生より話をしてもらいましたが、ハジメさんは言っていた指定日の翌日に会社のある同じ地域の工場に就職してしまいました」
先生：「どういうこと？」
私　：「派遣会社に登録していたようです。そこから派遣された工場に勤め、そこが確保していたアパートで生活を始めました」
先生：「あなたはどうしたの？」
私　：「お母さんにハジメさんが帰ってきたら、連絡を下さいと伝えました」
先生：「そう伝えたのは何で？」

私　：「ハジメさんが会社と同じ地域にある工場に勤めたと聞き、ハジメさんなりに自分の世界と現実との間で折り合いをつけたのだと思いました。これまで就職が決まったと言っていても、行動はしなかったのに、今回は行動した。行動しないと自分を保てなかったのだと思いました。だから、帰ってきた時が勝負だと思いました」
先生：「帰ってきたの？」
私　：「一か月半後に帰ってきました。以前とは一〇キロも痩せていました。不規則な生活で睡眠も食事も取れなかったそうです。でも、彼は大丈夫だと言い、また会社に行く。今後は海外転勤があると話しました」
先生：「話が大きくなっているわね」
私　：「はい。自分の世界と現実との間で折り合いをつけようと頑張った結果、自分の世界がどんどん大きくなっているように感じました。彼を現実に戻す必要があると思いました」
先生：「どうしたの？」
私　：「彼が話すように、会社に入り、海外転勤になれば、家には簡単に戻れない。そうなれば、両親の生活はどうするのかという切り口で本人と話をしようと思いました。彼はハジメさんという男性であるとともに、サトウ家の長男で、両親の子ども。彼が出ていた間も母とは話をしていました。自宅に訪問した時に、母がこのところ父の物忘れがひどくて、病院に連れていった方が良いんだけど、私は運転できないからと話していました。その話をしてみようと思いました」

先生：「その話をして、彼が話を聞くと思った理由は？」
私　：「ハジメさんが優しい人だと思ったからです。彼は出て行く時も、母に言っていた。家にいた時は、母が買い物に行く時に、車を運転してあげていました。ハジメさんなら、家族の話を聞いてくれると思いました」
先生：「そして、ハジメさんは聞いてくれた？」
私　：「はい。聞いてくれ、父の受診に付き添ってくれました。父はアルツハイマー型認知症の診断を受けました」
先生：「診断がつくと思っていたの？」
私　：「診断がつくとは思っていませんでした。診断がついたとの連絡を母からもらい、翌日に訪問し、彼と話しました」
先生：「どうだったの？」
私　：「彼は地域包括支援センターが関わることを承諾し、当面、受診はハジメさん自身が付きそうと話しました」
先生：「会社の話はどうなったの？」
私　：「会社の話は出てきませんでした」
先生：「それでどうなったの？」
私　：「改めて、彼に介護者が心身の疲労で倒れることもあるから、健康チェックに行かないかと聞きました。そしたら、前回医師相談で話をした先生のところなら良いと言ってくれました。今は定期的に受診を続け、当初問題になっていた近隣への悪口を叫ぶという行動もなくなりました」

先生：「そう、良かったわね。医師が言っていた彼の装具になれたのね」

私　：「はい」

先生：「彼が受診に同意したのは、なぜだと思う？」

私　：「なぜ……」

先生：「あなたは途中でアプローチを変えたわね。最初は精神疾患が疑われる人として見ていた。でも、途中から認知症の父を抱えた介護者として彼を見るようになった。意識していた？」

私　：「確かに、途中から精神疾患の話ではなく、父の介護の話をメインにするようにしました。その方が彼にとって受け入れやすいと感じたので」

先生：「彼にとって大事だったのは役割だったのかもしれないわね」

私　：「役割？」

先生：「そう役割。あなたも役割があるから、仕事ができるんでしょう。あと、あなたも言っていたけど、人は様々な立場がある。今の話で言えば、役割と言ってもいいわね。ハジメさんだったら、四三歳の男性、精神疾患が疑われる人、サトウ家の長男、認知症の父の介護者。どの役割に焦点を当てるかで話が違ってくる。問題は問題だと思っている人がいて、初めて問題になるの。初めから問題がそこにあるわけではない。そう考えれば、私達が視点を変えるだけで、問題が問題ではなくなるかもしれない。今回の事例はあなたに色々なことを学ばせてくれたようね。良かったじゃない」

私　：「はい。ありがとうございます」

問題は初めからあるわけではない。問題と思う人がいて、初めて問題となる。私の見方によって問題が問題でなくなる。分かったような、分からないような感じがする。

先生との振り返りの後、私は書店に寄り、一冊の本を手に取った。野口裕二さんの『物語としてのケア』。そこにこのような文章が掲載されていた。

「問題」を個人に内在化させて考えている限り、変化すべきはその個人であって、専門家はその指導者または援助者になるよりほかない。しかし、このような役割分担自体が「問題」を固定化し、より強固なものにしていく。「問題」が個人の外部にあると考えれば、専門家とクライエントはその「問題」に対して、共に戦う同志となることができる。そして、その同志という関係が確かなこころの支えとなる。すなわち、ケアが生まれる

今回、ハジメさんと私の間にケアが生まれたのかな？　相手との間に共に戦う同志の関係を築いていく。私の次の課題になるような気がした。

〈参考文献〉

芦沢茂喜　2013「精神科未受診者への地域生活支援―リスクと自由のはざまから―」『ソーシャルワーク研究』38(4)：57-61

野口裕二　2002『物語としてのケア―ナラティヴ・アプローチの世界へ』医学書院

第6章

ただその場にいるだけのソーシャルワーカー

●強制的な介入を考える前に

ハジメさんはその後、受診を続けた。そして一年半後に障害年金を申請し、内職作業を行う福祉系の事業所に通所するようになった。父の介護は、介護保険を申請し、介護サービスを利用することで、ハジメさんが担わなくてもよくなった。

私は保健所に勤務するようになり、家族や関係機関から多くの相談を受けた。問題行動が見られ、本人に話をしても聞き入れない。問題行動が続いているので、強制的な介入を取り、本人を入院させてほしい。そんな話を聞いてきた。

相談を受けると、自然とこのまま何もしなかった場合のリスクと、どうすれば病院に連れて行けるのかを考えるようになっていた。ハジメさんについても、近隣が本人から悪口を言われているとの話を聞いた時、本人が県外に出て行った時、出て行った本人が戻ってきて話す内容が大きくなっていた時の三回、強制的な介入と入院が私の頭に浮かんだ。でも、そのような形を取らなかった。そのような形を取らずに済んだことに驚くとともに、私にとっては本人の世界を理解し、問題ではなく、役割に焦点を当て、本人とともに取り組む関係を築くことで危機を乗り越えられるという発見だった。ハジメさんだけでなく、他の事例にも応用していく必要があると私は思った。

●近隣から嫌がらせをされていると話すタイチさん

私のところには警察以外にも、高齢化の影響を受け、地域包括支援センター（以下、地域包括）より精神疾患が疑われるものの、受診に繋がらない事例の相談が入り、タイチさん（仮名）も地域包括から相談が入った事例だった。

タイチさんは七一歳の男性。会社員をしていたが、定年退職後は自宅で六七歳になる妻との二人暮らし。妻は要介護認定を受け、週三日、デイサービスを利用。妻のケアマネジャー（以下、ケアマネ）が自宅を訪問した時に、タイチさんが近隣に監視されていると訴えた。タイチさんのケアマネへの訴えはその後も続き、タイチさんは警察や市役所にも訴えるようになった。ケアマネから相談を受けた地域包括も訪問し、タイチさんと話をするものの、上手くいかず、対応に困惑。地域包括から私に「妄想から精神疾患が疑われるものの、本人とそのことについて話ができない。子どももおらず、話ができる家族はいない。どうにかして、本人を受診につなげてほしい」との相談が入った。

私はケアマネから話を聞いた。要介護の妻と二人で暮らす生活費は、タイチさんの年金のみ。週三日のデイサービス以外は、タイチさんが妻を介護。タイチさんは高血圧で総合病院の内科に一か月に一回通院。それ以外はどこにも通っていない。足が不自由な所はあるが、家の買い物や洗濯等をしている。家は、元々は空き地だったところに建てられた分譲住宅を三〇年ほど前にタイチさんが購入。ケアマネは「家の近くを通る時は、監視している人がいないか見てみます」とタイチさんに話し、次に会った時に「監視している人はいませんでした」と伝えていたが、タイチさんは納得せず。「ケアマネジャーに見てもらってもダメならば」と警察や市役所にも話に行くようになった。

地域包括の職員からも話を聞いた。地域包括の職員はケアマネからの話を受け、自宅を訪問し、タイチさんに話をした。その時の会話は以下のようなものだった。

佐藤：「こんにちは。地域包括支援センターの佐藤と申します。奥さんのケアマネジャーさんから、タイチさんが近隣の方から監視されていると話されているとうかがいました」

タイチさん：「監視されている。小林が一番のワルだ。あいつが他の奴らを使って。俺を見張っている手下は近藤と伊藤だ。あいつらは皆、グルだ」

佐藤：「そんなことはないと思いますよ。監視されていると感じるのは、タイチさん自身が不安定な所があるからじゃないですか。眠れていますか？」

タイチさん：「俺は不安定じゃない。あいつらが嫌がらせをするから、眠れない」

佐藤：「眠れないのであれば、病院に行きませんか？　眠れるだけでも、体調が違いますよ」

タイチさん：「あいつらをどうにかしてくれ」

佐藤：「それもあるかもしれませんが、まずは眠れることを考えましょうよ」

タイチさん：「お前に言ってもダメだ、帰れ」

●タイチさんの話す世界

ケアマネと佐藤さんから話を聞き、私はタイチさんの話す世界を理解する必要があると思った。私は地域包括の佐藤さんとともに、初回訪問をすることにした。

タイチさん宅は二階建て。玄関は南向き。四方を近隣住民の住宅に囲まれ、日光が入りにくい場所だった。呼び鈴を押し、出てきたタイチさんは小柄で細身の体型。右足が不自由で腰が曲がっていた。

私：「こんにちは。保健所の芦沢と申します。I市を担当しており、市の地域包括支援センターの方とこの地域を回っております。タイチさんが近隣とのトラブルで困っているとうかがいましたが、私にも教えて頂けますか?」

タイチさん：「お前達は何をしている。俺が困っているのに」

私：「申し訳ありません。私は今日、初めてうかがうので、お手数ですが、私にも教えて下さい」

タイチさん：「小林がボスだ。あいつが他の奴らを使って、俺を見張っている。手下は近藤と伊藤」

私：「ちょっと待ってください。ノートに書きますね。教えて下さい。ここがタイチさんの家で、ボスの家はどこですか?」

タイチさん：「ここだ」

私：「手下はどこですか?」

タイチさん：「こことここだ」

私　　：「他にもいますか？」
タイチさん：「俺の家の前の奴は監視役で、俺のことを双眼鏡で見ている」
私　　：「他にもいますか？」
タイチさん：「ボス以外に、ボスの糸を引いている奴がコイツだ。コイツは表に出てこない」
私　　：「タイチさん、家の周りを囲まれていますね。コイツら、皆グルですか？」
タイチさん：「グルだ」
私　　：「どのような所でグルだと分かるのですか？」
タイチさん：「お前はそんなことも分からないのか」
私　　：「スイマセン。分からないもので、教えて下さい」
タイチさん：「無線でやり取りしている。伊藤が夜は、ラジオを大きな音でかける」
私　　：「何時ぐらいですか？」
タイチさん：「二二時頃だ」
私　　：「その時間に大きな音を出されたら、眠れませんね。タイチさん、眠れていますか？」
タイチさん：「眠れないよ」
私　　：「それは大変じゃないですか？」
タイチさん：「だから、昼に買い物に行く車の中でウトウトしてしまう」
私　　：「それは危ないですね」
タイチさん：「買い物にも付いてくる」

私　　　：「どういうことですか？」
タイチさん：「近藤が俺の車の後ろに付いてくる」
私　　　：「それでは休めないですね」
タイチさん：「だから、どうにかしてほしい」
私　　　：「今まで、どうされてきたのですか？」
タイチさん：「夜は眠れないから、押入れに入って寝ている。それでも、あいつらは嫌がらせをする。俺も頭に来て、外に出て、そいつらの名前を呼び、いい加減にしろと言ってやるが、止まない。警察にも話に行ったが、見回りをすると言われただけで、何も変わらない」
私　　　：「そうですか。それは大変でしたね。一人で立ち向かうのは、相手が大勢すぎて、難しいような気がします。タイチさん、どうですか。私がご協力できることが二つあります。一つは、私からも警察に話をさせて下さい。何かあった時に対応できるのは警察ですよね。タイチさんがすでに話をしていただいていますが、私からも話をさせて下さい。あと、警察に話をしても、相手は行動を改めないかもしれないですよね。実際、警察が見回りをすると話していたけど、止んでいない。そうなった時に心配なのは、タイチさんの身体です。先程、眠れていないとも言っていましたが、どうですか？」
タイチさん：「頭がおかしくなりそうだ」
私　　　：「頭がどんな感じなのですか？」
タイチさん：「締めつけられる感じがする」

私　　　　：「それがどのくらい続いているんですか？」
タイチさん：「ずっとだ」
私　　　　：「タイチさんはどこか病院に行かれていますか？」
タイチさん：「高血圧でJ病院に行っている」
私　　　　：「そうですか。頭が締めつけられるということですが、頭を診てもらったことはありますか？」
タイチさん：「ない」
私　　　　：「タイチさんが行かれている総合病院に頭を診てくれる科があれば良いのですが、ないですね。タイチさん、頭を診てくれる病院が市内にあるのですが、私が予約を取らせていただくので、一緒に行きませんか？」
タイチさん：「行くよ」
私　　　　：「分かりました。今日、予約を取ります。その上でご連絡をします」

●タイチさんと折り合うために――まずは脳神経外科へ

職場に戻り、病院に連絡を入れ、二日後の予約を取った。二日後、私はタイチさんとともに、脳神経外科を受診した。近隣に脳神経外科を標榜する病院がないため、患者が集中し、脳神経外科は混んでいた。受付を済ませ、問診票を渡され、タイチさんは受診理由の欄に「嫌がらせをされる。頭が締めつけられる」と書いていた。書いた問診票を受付に渡し、待合室で待っていると、看護師より「先生よりM

ＲＩの指示が出た」と声をかけられたものの、ＭＲＩの検査を待っている人がタイチさんの前に数人いたため、私達は一時間待たされた。そして、検査を終えて診察までもう一時間、待たされた。

待っていた待合室のテレビでは国会中継が流れていた。部屋に置かれたソファのほとんどに検査と診察を待つ人が座っていた。タイチさんは待つ間、テレビを見ることも、周りの話し声を気にすることもなく、「何で嫌がらせをする？」と独り言を言っていた。

タイチさんの名前が呼ばれ、診察室に入ると、三〇代の若い医師が座っていて、タイチさんに向かって、話しかけた。

医師　　　：「今日はどのような理由で来られましたか？」
タイチさん：「嫌がらせをされている」
医師　　　：「嫌がらせ？　頭がどんな感じなのですか？　問診票には締めつけられると書かれていますが？」
タイチさん：「締めつけられる」
医師　　　：「どのような感じですか？」
タイチさん：「ギューと締めつけられる感じだ」
医師　　　：「どこかに出血や梗塞があるかと疑いましたが、画像を見る限り大丈夫ですね。肩が張ったりしますか？」
タイチさん：「肩が張る」

医師　　：「どこか病院にかかっていますか？」
タイチさん：「高血圧でかかっている」
医師　　：「お薬を飲んでいますか？」
タイチさん：「飲んでいる」
医師　　：「そうですか。これを飲んでみて下さい。それで様子を見てみて下さい」
タイチさん：「頭が締めつけられる」
医師　　：「それは画像上、問題はありません。では、それで。お大事に」

診察室を出て、待合室で会計を待った。

タイチさん：「おかしい。何で異常がないのだ。俺はこんなに頭がおかしくなりそうなのに」
私　　：「そうですね。不思議ですね。でも、タイチさん、今日、受診に行ったのは脳・神経外科じゃないですか。今日の先生は、脳は異常がないと言っていましたよね。でも、神経とは言っていなかったと思います。神経だったら、別のところで診てもらわないといけないですね」
タイチさん：「どこにある？」
私　　：「タイチさんが高血圧で通っている病院の系列にK病院（精神科）というところがあります。そこであれば、神経を診てもらえますよ。タイチさんが良ければ、今日と同じように私の方で予約を入れ、一緒に行かせていただきます」
タイチさん：「行くよ」
私：「分かりました。予約を取りますね」

●タイチさんと折り合うために――次に精神科へ

一週間後、私はタイチさんと一緒に精神科を受診した。担当医はタイチさんの話を聞き、少量の薬を処方した。それから、二週間に一回、計六回の受診に私は同行した。タイチさんは足が不自由であり、年齢を重ね、妻の介護が大変になっていた。洗濯ができず、同じ衣類を着させ、食事も準備ができず、テーブルにはインスタント食品が並んでいた。ケアマネはタイチさん自身の介護保険の申請をタイチさんに勧めていたが、タイチさんは断っていた。私はタイチさんに話をしてみることにした。

私：「タイチさん、病院に行くようになり、どうですか？」
タイチさん：「幾分、良い」
私：「そうですか。それは良かった。私、タイチさんのことを見ていて、凄いと思ったんです。ご自分が大変なのに、奥さんのこともされる。誰でもできることではないと思いました」
タイチさん：「俺以外にする人がいないから仕方がない」
私：「確かに、タイチさんの代わりはいませんよね。タイチさんの代わりがいないからこそ、その役割が最後まで果たせればいいと私は思います。タイチさんしかできないことはタイチさんがやるとして、それ以外は他の方にやってもらいませんか？　そして、タイチさんのことも、大変なところは手伝ってもらいませんか？　私はタイチさんと奥さんが長く一緒に生活してもらいたいと思います」

タイチさん：「それはそうだ」

私　　　　：「そうですね。私が話をするので、介護保険の申請をしませんか？」

タイチさん：「任せるよ」

私　　　　：「分かりました。話をしますね」

私は地域包括に話をし、介護保険の申請を進めた。申請の結果、タイチさんにも要介護の認定がおり、タイチさんは近隣から「嫌がらせを受けている」と訴える人から、妻を支えることが困難になった要介護者となった。そして、タイチさんと妻にサービスが入るようになり、タイチさんから聞かれた「嫌がらせを受けている」との訴えはなくなった。

●隣家から見られていると話すトシコさん

タイチさんは精神科受診という形となったが、そうならない事例もあった。タイチさんと脳神経外科を受診した二週間後、私はトシコさん（仮名）についての相談を受けた。相談元はタイチさんと同じ地域包括。トシコさんは七二歳。子どもはおらず、夫との二人暮らし。高校卒業後、デパートに勤務していたが、お見合いで知り合った男性と結婚。結婚後は専業主婦として生活していた。一二年前に夫が仕事を定年退職。夫の退職金で現在の分譲住宅を購入し、転居。

「隣家から見られている。嫌がらせをされる」との理由から、隣家に向かって叫ぶことがあり、近隣住民からの苦情を夫が受け、夫が地域包括に相談。相談を受けた地域包括が対応に困り、私に「妄想から精神疾患が疑われる。叫ぶ以外の行動はなく、叫ぶ回数も多いわけではない。夫に話をするが、夫は本人に言っても無駄であり、様子を見たいと言っている。ただ、近隣からは苦情が来ており、どうにかしたい」との相談が入った。

私はトシコさんの自宅の周りを車で回ってみることにした。自宅は市の中心街から外れており、新たな住宅地帯として整備された場所にあった。自宅の周りにはあまり間隔を置かずに同じくらいの築年数と思われる住宅が四方に建てられていた。トシコさんが嫌がらせを受けていると話す隣家は、自宅の玄関前に建てられており、自宅から相手の家が、相手の家から自宅がお互いに見える位置にあった。

私は地域包括を通じて夫に連絡を取り、話をすることにした。夫からは転居前に住んでいたところでも、同様のトラブルがあった。夫の定年退職を機にその場から引っ越せば、解決すると思っていた。引っ越した当初から隣家への不満は話していた。ただ、隣家に向かって叫ぶようになったのは今回が初めて。隣家から夫に苦情が入ったことは本人にも夫から伝えたが、私は悪くないと話し、話はそれ以上できなかった。本人は自宅に誰か来ることを嫌がるとの話があり、私は夫に「一緒に保健所に話に行かないか」と誘ってほしいと伝えた。翌日、夫から私に「本人に話をした所、この問題は自分の問題で夫は関係ない。何で私が話に行かないといけないのか分からないけど、一人で話に行くと話していた」との連絡が入り、一週間後、トシコさんは保健所に一人でやって来た。
トシコさんは同年代の女性にしては長身で細身の体型。無地の服を着て、清潔な印象。髪型は整っており、化粧もしっかりしていた。

私　　　　：「こんにちは。保健所の芦沢と申します。今日はお越しいただき、ありがとうございます」
トシコさん：「何ですか。わざわざ呼び出して。この問題は以前から起きていたことであり、今に始まったことではありません。相手の人から言われたのですか？」
私　　　　：「誰が言ったたか、言わなかったかも大事ですが、私は近隣住民の皆さんとトシコさん達が上手くいかない状況が気になっています」
トシコさん：「私は悪くありません。相手が悪いのです。日中は相手の家は仕事に行っていて、いないので良いですが、帰ってくると私の家を覗いています。わざと大きな音を立てます」
私　　　　：「何時ぐらいですか？」
トシコさん：「一五時頃から」
私　　　　：「どのくらいまでですか？」
トシコさん：「ずっと。夜中でも音がする。私は夜、トイレに行く時も、相手に気づかれないように音を立てず、歩くようにしている」
私　　　　：「それがいつ頃からですか？」

トシコさん：「それもずっとですよ」
私　　　　：「マシだった時はなかったですか？」
トシコさん：「相手の家には子どもがいますが、子どもが大きくなり、仕事に行くようになってからヒドイです。何で私だけ聞かれるのですか？　相手からも話を聞くのですか？」
私　　　　：「お聞きします」
トシコさん：「いつですか？　もう聞いたのですか？」
私　　　　：「いつというのは相手の都合もあり、まだ分かりません。これからお聞きします」
トシコさん：「何で私が最初なのですか？　私が悪いことをしているみたいじゃないですか？　相手は仕事をして、私は仕事をしていない。相手の方が社会的なステイタスが高く、相手の言い分の方が強いじゃないですか。納得できません」
私　　　　：「順番については、相手の都合で先に時間が取れなかっただけです。それ以外の理由はありません。でも、私はトシコさんが先で良かったと思いました」
トシコさん：「何でそう思うのですか？　私は納得できません」
私　　　　：「揉め事が生じた時に、両方の話を聞かなければいけません。私は両方のお話を聞くので、公平でないといけませんよね。トシコさんは自分自身が相手よりステイタスが高くなくて、相手の言い分が強くなると話して下さいました。もし、そうならば、私がトシコさんの前に相手の話を聞いてしまったら、相手の話に押され、トシコさんの話を聞けなかったかもしれません。でも、今日トシコさんのお話をうかがえた。一番困っている人の話を最初に聞けて良かったなと私は思いましたよ」

トシコさん：「ありがとうございます。そんなふうに言って下さって。本当は馬鹿げているのです、こんなこと。もう一二年もこんなことを続けています。どうしようもない話なのです」

私　：「トシコさん、私から提案があります。トシコさんの話とまったく同じではなく、程度も様々ですが、同じように近隣とのトラブルで困っている方に私は多く出会っています。トシコさんが話されたように、長く続いていれば簡単に解決するわけではないかもしれません。ですが、だからそれで良いというわけでもないと思います。他の方もそうしていただいていますが、今後相手の方の話をうかがいます。そしたら、時間を置いてトシコさんから話をうかがい、そして相手の方といったように繰り返し、お話をうかがうことができればと思います」

トシコさん：「そんなことで解決しますか？」

私　：「一方だけの話を聞き続けてはフェアではないですよね。経験上、このやり方を取った場合、相手からの嫌がらせが和らぐことがあります。相手も私と話をしないといけませんから、その状況下でこれまでと同じことはなかなかできないように感じます。トシコさん自身を守るという意味でも、ご協力いただけませんでしょうか？」

トシコさん：「よろしくお願いします」

その後、トシコさんとの面接を続けた。面接の回数を重ねる中で、トシコさんは隣家が大人しくなったと話すようになり、それに伴い近隣住民から地域包括への苦情はなくなった。

同時期に、近隣の嫌がらせという同じような内容の相談を受けた。一人は精神科につなぎ、一人は精神科につなげず、定期の面接を続けた。両事例ともに強制的な介入は取らずに対応した。自分の取った行動を言語化する必要がある。私はケイコ先生に時間を取ってほしいとお願いした。

●折り合うところを探す

今回で先生に時間を取ってもらうのは何回目だろうと、会場に向かう電車の中で思った。初めの頃、私は先生に何を聞かれるのか、そのことばかりを考えていた。事例のことを考えなければならないのに、先生にどう評価されるか、そのことばかりを考えていた。自分の行ったことを振り返り、今後の事例との向き合い方を考えなければいけないのに、頑張って、傷つき、かわいそうな自分を先生に受け止めてもらいたいと思っていた。それは事例に対して、行ってきたことにも出ていた。相手の世界を理解する前に、自分の考え、気持ちを優先していた。回数を重ねる中でそんな自分の傾向を理解するとともに、相手の世界をどうすれば理解できるのかを考えるようになった。「私も大人になったな」と勝手に思った。

先生は約束した時間を一〇分程過ぎて、会場に現れた。

先生：「ごめんなさいね。電車の乗り継ぎが上手くいかず、遅れてしまって」

私　：「とんでもありません。今日はお時間を取っていただき、ありがとうございます」
先生：「今日は同じような内容の二事例について、振り返りたいとのことだけど、まずはそれぞれの概要について教えて」
私　：「はい。一人はタイチさん。七一歳の男性。六七歳の要介護の妻と同居。妻のケアマネに近隣に監視されていると訴え、事例化しました。地域包括が精神疾患を疑い、受診を勧めますが本人は拒否。妻以外に家族はおらず、本人を受診につなげてほしいとの相談が地域包括から私に入りました。もう一人はトシコさん。七二歳の女性。夫との二人暮らし。一二年前に現在の住宅に転居。『近隣に見られている。嫌がらせをされている』との理由で、近隣に向かって叫ぶ行動が見られ、近隣が困って夫。夫が困って、地域包括に相談するものの、地域包括も対応に困り、私のところに相談が入りました」
先生：「二人とも似たような事例ね。年齢も同じくらい。事例化した理由も、近隣からの嫌がらせを本人が感じ、それに対して反応。その反応に家族、関係機関が困り、地域包括に相談するものの、地域包括が今度は困り、あなたのところに相談に来た。それと、年齢は違うけれど、前回話をしたハジメさんとも構図としては似ているわね」
私　：「ハジメさんの事例の振り返りの後に、この二つの事例に出会ったので、ハジメさんの時の反省も踏まえ、取り組みたいと思いました」
先生：「それはどういうこと？」
私　：「私はハジメさんの行動ばかりに目がいき、それを問題だと思っていました。問題を解決しないといけないという気持ちを持っていました。結果として、ハジメさんの感じている世界を理解するという視点が弱かった。問題と感じているのは私であり、その問題を相手はどう受け止め、感じているのか。それを理解しないといけないと思いました」

先生：「そうね。今回のそれぞれの事例を問題だと感じているのは誰？」

私　：「地域包括です」

先生：「地域包括が彼らの状況を問題だと判断し、その対応に苦慮してあなたに相談してきた。困っているのは、地域包括ね。私は色々なところで開催されている困難事例の事例検討会というものに呼ばれる。困難事例というラベルが付けられているけど、検討を進めていくと、そもそも困難なのは事例ではなく、それを困難だと判断し、事例を挙げてきた支援者自身ということがある。関係機関から相談がある時は注意しないといけないわね」

私　：「私の勤めているところが保健所なので、多くが受診につないでほしいとの相談が入ります。受診につなぎたいけど、本人の拒否等があり、つなげられない。ゴールは自分達が決めたけど、それに従わない。それを無理矢理にでもどうにかしたい。そんな相談が多いように感じます」

先生：「そのような相談が多いと、相手の話に引っ張られて、問題ばかりに目がいってしまいそうね。どんどんそこに焦点が当てられ、周りが見えなくなってしまう」

私　：「はい。ハジメさんの時に、そうなっていて、踏み止まることができていなければ、強制的な介入を取っていたかもしれません。そう思うとゾッとします」

先生：「そう。そう気づけたのね。今回はどのような対応を取ったの？」

私　…「地域包括から連絡をもらった時、この内容は問題だと思っている地域包括からの情報というふうに受け止めました」
先生…「どういうこと?」
私　…「以前は関係機関からいただいた内容をそのまま確認せず、受け止めていました。でも、いただいた内容は問題だと感じている機関からのもので、何らかのバイアスがかかっており、その情報を私が確認する必要があると思いました」
先生…「それでどうしたの?」
私　…「まずは、問題が発生している現場を見に行こうと思いました。タイチさんの場合は、事前にタイチさんと地域包括が会っていたので、地域包括と同行訪問する前に自宅の周りを歩いてみました。トシコさんの場合は、地域包括も本人と会えていなかったので、事前に車で自宅周辺を回ってみました」
先生…「それで?　まずは、タイチさんはどうだったの?」
私　…「タイチさんの家は三〇年ほど前に購入された分譲住宅。隣家との距離が近く、住宅が密集しており、日光が入りにくい場所でした。ハジメさんの時にも、彼が話す状況を理解するためにホワイトボードに書きましたが、今回は持っていったノートに書きながら、本人に確認しました。監視をしているのは一人ではなく、グループ。裏ボス、ボス、手下がおり、それぞれが役割を担っている。夜中に音を出される。外出にも付いてこられる。家が密集した場所で周りから見られる生活。辛く周りに助けを求めたくても、周りは敵だらけ。妻の介護は担わなければいけない。タイチさん、辛いな～と思いました。話を聞きながら、孤独や寂しさという言葉が浮かびました」

先生：「それで？」

私　：「その辛さを軽減するためにも、タイチさんとどこかで折り合えないかなと思いました。私ではなく、タイチさんが感じている困り事は何かと考えました。まずは、近隣から監視されて、警察に話をしているが、一向にその行動が止まない。そして、結果としてタイチさんは眠れず、車の運転中にもウトウトしてしまっている。それに対して、私ができることは何かと考えました。私は、私からも警察に話をすること、眠れないことに対しては病院の受診に一緒に行くことを提案しました」

先生：「病院ってどこに？」

私　：「脳神経外科です」

先生：「なぜ、脳神経外科なの？」

私　：「初めから精神科に行くことも考えました。ですが、タイチさんと話をしていくと、眠れないことよりも、頭が締めつけられることに困難を感じていることが分かりました。まずは、タイチさんの受け入れやすいところから進めようと思いました」

先生：「脳神経外科はどうだったの？」

私　：「ＭＲＩの検査と診察を受け、異常がないと言われました」

先生：「それを聞いて、タイチさんはどういう反応だったの？」

私　：「異常がないなんておかしいと。私はタイチさんに『脳は異常がないと言われたけど、神経は分からない。神経を診てもらいにいきませんか』と話しました。そしたら、タイチさんが行くと返事をしてくれました」

先生：「あなたはそのような展開を初めから想定していたの？」

私　：「いいえ。想定していませんでした。ただ、タイチさんの話を聞きながら、脳と神経はつながっているけど、別という考えが浮かびました。その場でそう感じ、言葉にしてタイチさんに伝えました」

先生：「タイチさんが受け入れたというのは、タイチさんにとって腑に落ちたということかもしれないわね。それにここまでの間、付き合ってくれているあなたの話だったからというものもあるのかもしれないわね。タイチさんはその後、どうなったの？」

私　：「精神科に一緒に行き、薬をもらい、タイチさんも介護保険を申請しました。現在は介護サービスを受けながら、妻と一緒に安定した生活を送っています」

先生：「そう良かったわね。タイチさんとの関わりからあなたがポイントだと感じたのはどういうところ？」

私　：「タイチさんは、精神疾患が疑われ、受診につなぐ必要がある問題のある人ということで私のところに来ました。問題のある人だから病院につなぐというストーリーをどうすれば組み替えることができるのかを考えました。問題のある人ではなく、周りからの迷惑行為に苦しみながらも、妻の介護を一手に担っている人というふうに私の見方を変え、タイチさんが受け入れられる形、受け入れられる言葉を探したというのがポイントだと思います」

先生：「問題は問題と思っている人がいて、初めて問題になる。ハジメさんの事例の時に話をしたことね」

私　：「その言葉がずっと頭の中にありました」

先生：「そう。では、トシコさんはどうだったの？」

私　：「トシコさんの家は、市の中心街からは外れた新たに整備された住宅地帯にあり、間隔を置かずに同じくらいの築年数と思われる住宅が四方に建てられた場所にありました。嫌がらせを受けていると話す隣家は、トシコさんの家の正面。トシコさんは結婚後、専業主婦をしていました。以前、住んでいた住宅でも同様の問題があり、夫の定年退職を機に現在の住宅に転居してきました。地域包括が話すように、病気の影響も考えましたが、私はそれ以上に日中誰もいない家で一人で過ごす日々を想像し、孤独、孤立という言葉が浮かびました。トシコさん、しんどそうだなと思いました。そして、彼女に会うためにはどうしようと考えました。近隣から苦情があったことは夫が話していたので、夫から、『保健所に一緒に話に行かないか』と誘ってもらうことにしました」

先生：「そう、それでどうなったの？」

私　：「夫が話したところ、自分一人で行くと話し、トシコさんが一人で保健所にやってきました」

先生：「自分から来たのね。あなたはどう思ったの？」

私　：「自分から来るというのはエネルギーがいると思います。そのエネルギーを使ってまで、第三者に言いたいことがあるのかなと思いました」

先生：「会って、どうだったの?」

私　：「トシコさんは清潔な服装で、髪型も整っていて、化粧もしっかりされていました。しっかりされている、隙がない、強い印象を持ちましたが、逆にしっかりし過ぎていて、違和感がありました。隙や弱さを相手に見せると自分を保てない、そんな弱さもあるのかなと感じました」

先生：「トシコさんとはどんな話をしたの?」

私　：「トシコさんは相手から覗かれている。わざと大きな音をたてられると話していました。そして、相手の話の前に自分だけ話を聞かれることに納得できないと話していました」

先生：「あなたはどうしたの?」

私　：「タイチさんと同じように、トシコさんと折り合えるところを考えました。覗かれているか否かに焦点を当ててしまえば、トシコさんと隣家のどちらの言っていることが正しいかという話になり、話は進まない。時間だけが経過し、周りが我慢できず、現実的にあり得ないことを話すトシコさんを病院に無理にでも連れて行くと話が進んでしまうように感じました。彼女が困っていることで、彼女が納得できる形、納得できる言葉は何かと考えました。私はトシコさんに、私がトシコさんと隣家の話を定期的に順番に聞くことを提案しました」

先生：「トシコさんは納得したの?」

私　：「何で私が最初なのかというところがどうしても納得できない感じでした。私は、揉め事が生じた時は両方の話を聞かないといけない。トシコさんの前に相手の話を聞いてしまったら、相手の話に押されてしまったかもしれない。私は一番困っている人の話を最初に聞けて良かったと思ったと伝えました。そしたら、トシコさんが『ありがとうございます』と言ってくれ、私の提案を受け入れてくれました」

先生：「そう。トシコさんに言葉が届いたのね。それはそう言おうと決めていたの？」

私　：「いいえ。その時、そう感じました。そう感じたので、そのまま伝えました」

先生：「その後はどうなったの？」

私　：「トシコさんとの面接を続けた結果、隣家が大人しくなったとトシコさんが話すようになり、それに伴い近隣住民から地域包括への苦情もなくなりました。今も面接を継続しています」

先生：「そう。良かったわね。タイチさん同様に、トシコさんとの関わりであなたがポイントだと感じることはどこ？」

私　：「トシコさんの問題ではなく、孤独、孤立した女性というところに共感し、そこを糸口に彼女と関係を構築することを考えました。面接を繰り返し実施していくことで、近隣からの迷惑行為を一緒に考える協力者として私を位置づけてもらえないかと考え、進めたことがポイントだと思います」

先生：「二つともあなたにとっては、これまでのおさらいのような事例ね。それぞれの事例が感じている世界を理解する。その上で奥川さんの本にも書かれていたけど、あなた自身が驚き目玉を使って、相手の感じている辛さを感じた。その上で問題点を見るのではなく、相手が困っていることに焦点を当て、相手と関係を構築するための形を考え、行動した。それが上手くいったように感じたわね。あなたは二つの事例ともその場で感じたことを言葉に出した。それはどういうことなのかしら?」

私　:「以前は、何を相手に話すかということばかりを考えていました。最初から話の結論を決めていて、それに向けてどう話をもっていったら良いか。そんなことばかりに意識が集中していました。振り返れば、相手がどんな話をしたとしても、私が言うことは変わりませんでした。私は相手の話を聞いているようで聞いていませんでした。私は何を話すのかは決めずに、その場で感じたことを伝えることにしました。もちろん、何でも口に出して良いというわけではありませんが。私は結論をすぐに出さずに、相手との場、時間を安全・安心なものにすることに意識を向けるようになりました」

先生:「その変化は何で起こったと思う?」

私　:「これまでの様々な人達との関わりを通じて、私は相手のことが分かっていないということが分かりました。分かっていない以上、私が結論を出すのは止めよう。私は結論を出す人ではなく、彼らが結論を出す過程に一緒にいる人になろうと思いました」

先生:「そう。変化をしてみて、あなたはどうなの?」

私　:「変化をして楽になりました。気負わなくなりました。それが相手にも伝わるのかなと思いました」

先生:「交流分析のエリック・バーンという人がこんなことを言っているわね。過去と他人は変えられない。今、ここから始まる未来と自分は変えられる」

私　：「未来と自分は変えられる」
先生：「そう。変えられるのは未来と自分。良い経験をしているわね。私はソーシャルワーク観を書くように話してきたわね。今のあなたのソーシャルワーク観はどのようなものなの？」
私　：「私は、ただその場にいるだけのソーシャルワーカーになりたいです」
先生：「どういうこと？」
私　：「私は寄り添えるソーシャルワーカーになりたい。ついていくソーシャルワーカーになりたいと思ってきました。彼らの想いを大事にする。そのためには私は何をしたら良いかと考えてきました。でも、それは私の勝手な想い。私が何をするのかではなく、何をしないのか。しないことを除いていったら、ただその場にいることが残りました。ただその場にいても大丈夫な環境、関係を作っていく。そのことに意識を集中させるようになりました」
先生：「パウル・ティリッヒが存在への勇気という言葉を使っているけど、doing ではなく、being ということね。私はスピリチュアルという言葉があまり好きではないけど、実存の部分に焦点を当てられるか否かは大事だと私も思うわ。これから、あなたのソーシャルワーク観がどう変わるのか、楽しみね。ソーシャルワーク、面白いでしょう」
私　：「はい」

ソーシャルワーカーになりたい私。右往左往しながら、月日は流れた。私はソーシャルワーカーになれたのだろうか。

〈参考文献〉

森川すいめい　2017「オープンダイアローグをいかに実践するか」『精神療法』第43巻第3号：53-58

おわりに

「私はソーシャルワーカーになれたのだろうか」、学校を卒業した。資格を取った。仕事についた。でも、私はソーシャルワーカーになれたと自分のことを言えない。なぜだろうか？　考えても、考えても、答えが出ない。先生はどう思っているのだろうか？　前回から一か月後、私は先生に連絡を入れ、時間を取ってもらうことにした。

先生：「こんにちは。今日はどうしたの？　いつもであれば事例の話だけど」
私　：「スイマセン。今日は事例ではなく、先生にうかがいたいことがありまして」
先生：「何？」
私　：「私は、学生時代にソーシャルワーカーになりたいと思いました。でも、卒業後に仕事につくことが出来ませんでした。その当時、先生からはモラトリアムと言われましたが、現場に出る自信が私にはありませんでした」
先生：「そうだったわね。あなたが言う自信とは、何に対するもの？」
私　：「相談者に対してです。相談を聞いても、それに向き合う自信がありませんでした」
先生：「相手に向き合うとはどういうこと？」
私　：「相手に向き合うことで、自分自身が試されるような気がしました。周りから評価された時の自分に自信がありませんでした。自信がなかったというか、怖かったのだと思います」

先生：「あなたは怖くなって、大学院生活を送ったのね。それで？」

私　：「大学院では自分で言うのもおかしいですが、頑張りました。でも、大学院に入ると周りは賢そうな人ばかり。現場に出られない自分はその仲間に入るしかないと思いました。背伸びをして、分からない本も分かったふりをして読んでいました。ただ、そんな背伸びはすぐにダメになり、私は大学院では劣等生でした。私は同級生のようにはできないと思いました。ただ、それを素直に認めることができませんでした。大学院は現場を知らない人達の集まり。私は違うと言い聞かせ、大学院に居場所を見いだせない私は、出られなかった現場に居場所を求めました。現場にいることで、他の同級生と自分は違うと思いたかったのだと思います。空いている時間は非常勤の仕事を掛け持ちしながら、生活を送りました。自分自身は頑張った。勉強をした。だから、自分は現場に出ても大丈夫だと思いました。思いたかった」

先生：「それで？」

私　：「大学院に残らず、常勤の仕事を見つけ、精神科病院に就職しました。頭でっかちになっていました。自分の弱いところを見せることができず、弱さの周りを知識と変な自信で覆い隠していました。最初に担当したヨウコさんには、そんなダメな自分が強く出てしまい、彼女の辛さに寄り添うことができませんでした」

先生：「そうね。あなたは彼女を見ておらず、自分の考えたレールに彼女を無理矢理乗せていたわね」

私　：「その反省から、今度は寄り添おうと思いました。でも、寄り添おうといざ自分の中で決めても、どういうことが寄り添うことなのか、正直分かっていませんでした」
先生：「そうね。よく寄り添うという言葉を使いたがる人もいるけど、その中身を言えなければ何も言っていないのと一緒ね。良いことを言った感じにはなるけど、それは言った人の自己満足に過ぎないわね」
私　：「はい。その時はそれが分からず、私はとにかく相手の言うことを聞き続け、行動しようと思いました。その時にケンタさんに会いました」
先生：「ああ、あの通帳を見せることを再三要求した人ね」
私　：「はい。その人です。私は要求に沿って、動き、疲弊しました。疲弊する中で、振り回されている自分に気づきました。それではいけない。振り回されてはいけないと思いました。その時に、先生に話を聞いて頂きました。そして、先生から振り回されるのも仕事と言われました」
先生：「そうね。そう言ったわ」
私　：「私は振り回されている自分のことしか考えていませんでした。相手が私を振り回す理由を考えることができませんでした。相手は自分勝手に言っているだけだと思い込み、それ以上考えませんでした。それではいけないと思いました。そんな時に長期入院をしているショウイチさんに出会いました」
先生：「ああ、一緒に自転車に乗った人ね」
私　：「はい。ショウイチさんの想いに沿って行動しよう。ショウイチさんのペースでと、これまでの他の方との関わりの反省も踏まえ、私としては頑張りました。ショウイチさんは、彼の頑張りとお母さんの協力もあり、退院することができました。私としては、自分の仕事ができたと満足していました。でも、病院内の理解は得られず、結果として私は孤立してしまいました。オーバーワークをし、自分自身が身体も心も一杯となり、仕事をすることができなくなりました」

先生：「そうね。あの時はかなり痩せたので心配したわよ」

私　：「ご心配をおかけして、スイマセンでした」

先生：「あなたが謝ることはないの。謝る癖、止めなさい」

私　：「スイマセン。あっ！」

先生：「いいわ。続けて」

私　：「はい。病院を退職し、現場から離れてみました。今まで混乱している中にいて、自分自身を冷静に見ることができなかったので、私にとっては良い機会になりました。声をかけて頂いた仕事をやってみました。その時にやらせてもらった仕事の一つが、市のこころの健康相談の相談員でした。その時にキョウコさんに会いました」

先生：「交通事故に遭った人の事例ね」

私　：「はい。キョウコさんの面接をしていて、言葉の裏には想いがあり、それを考えていくことが本当に大切なこと。それと、自分自身がこれまで感覚でやってきたことを言語化していくことが大事であることを感じました」

先生：「そうね。言葉にできなければ、いくら素敵な結果になったとしても、専門職としてはダメね」

私　：「言語化していくことを意識して関わったのが、その後県職員となり、関わりを持ったハジメさんでした。精神疾患が疑われ、受診の必要性を感じるものの、彼との間で折り合いをつけていくにはどうしたら良いか、考えました。自分自身が悩み、考え、実践したことを先生には二回、振り返りの機会を持って頂きながら、言語化する作業をしました」

先生：「あの時は振り返りを二回したわね」

私　：「はい。言語化していく中で、問題と思っている人がいて、初めて問題になるという視点を学び、彼らが感じている問題に共に取り組むという自分自身の立ち位置を確認できました。そして、それを受けて、近隣からの迷惑行為に苦しむタイチさんとトシコさんの事例に関わりました」

先生：「近隣に監視されていると話す二事例ね」

私　：「はい。二事例に関わる中で、私は何を話すのかは決めずに、その場で感じたことを伝えることにしました。伝えるためにも、相手との場、時間を安全・安心なものにすることに意識が向くようになり、私は結論を出す人ではなく、彼らが結論を出す過程に一緒にいる人になろう、ただその場にいるだけのソーシャルワーカーになりたいと思うようになりました」

先生：「そうね。そう言っていたわね。それで？」

私　：「そのような自分なりの変遷を振り返ってみる中で、果たして自分はソーシャルワーカーになれたのかな？　と思いました」

先生：「あなたはどう思ったの？」

私　：「なれたとは思えませんでした」
先生：「なぜ？」
私　：「上手く言えません。先生は私のことをソーシャルワーカーだと思いますか？」
先生：「なぜ、そのようなことを聞くの？」
私　：「私をご覧になっていて、どのように思っているのか知りたいと思ったからです」
先生：「なぜ、知りたいの？　私がソーシャルワーカーよと言えば、納得するの？」
私　：「納得というか、先生から言われたら、そうなのかなと思えるような気がしました」
先生：「あなたは私に認められたくて、ソーシャルワーカーになりたいの？」
私　：「いいえ。でも、先生から認められたいとは思います」
先生：「ソーシャルワーカーになれたか否か、確かに難しい問題ね。何を持って、ソーシャルワーカーかというのは、専門性の議論の中で色々とこれまでも言われてきたことね。その中で、国家資格も議論され、あなた達のように資格を取り、仕事につく人達が出てきた。あなたは自分の周りでソーシャルワーカーだなと感じる人はいるの？」
私　：「いません」
先生：「なぜいないと感じるの？」
私　：「みんな、同じに見えてしまいます」
先生：「そうね。資格ができたことで、確かに最低限の質の担保はできたのかもしれない。でも、みんな同じ。表現が良くないけど、金太郎飴みたいな人材がたくさんできてしまった。資格はただの器。その器が、価値があるか否かは別の問題ね。あなたがソーシャルワーカーだと感じる人はどんな人なの?」

私　:「先ほど、先生が金太郎飴と言われましたが、その人らしさが出ている人だと思います」

先生:「その人らしさというのは抽象的ね。しっかり自分があるということかしら。寄り添うという言葉を使うのではなく、どう寄り添うのか、その人なりの考え方、それを受けての実践がある人ということね」

私　:「はい。そうだと思います」

先生:「私のソーシャルワーク観を書くように私はあなたに言ってきたわね。それはあなた自身の見方、考え方というのをしっかり言語化しなさいという意味で言ってきたの。その時に大事なのは、内的対話、内省とも言われるかもしれないけど、自己との対話ね。私はあなたと振り返りの機会を持ってきた。なかなか現場ではこのように外部の人と話ができる人は少ないかもしれない。あなたのことを周りに話せば、うちは外部に話ができる人はいませんと言われてしまうかもしれない。でも、外部の人と話すことも大事だけど、本当に大事なのは自己との対話。あなたは私と振り返りを持ったけど、私と話をした時以上に、私と話をするまでと、話をした後にどれだけ自己との対話をしたのかが大事なの。あなたもいろいろ考えたでしょう」

私　:「考えました。ずっと考え続けてきました」

先生:「そうね。考えるのよ。そして、自分自身のソーシャルワーク観は、核の部分は変わらなくても、他が変化してくるものなの。内的対話はソーシャルワーカーを続けていく限りはずっと続くの。終わりはない」

私　：「はい」

先生：「そう考えると、ソーシャルワーカーになれたか？　の結論は、ソーシャルワーカーを続けていく限りない。あるのは、ソーシャルワーカーになりたいと思い続けることだけ。その中で自分自身のソーシャルワーカー像を作り、磨いていくしかないの。永遠に発展途上よ。素敵でしょう？　これからも続くのよ。頑張りなさい」

私　：「はい。頑張ります」

ソーシャルワーカーになりたいと思い、年数を重ねてきた。相手のことを想ったのに、勘違いであったり、相手が想っているのに私が気づかなかったり、「おもいおもわれ、ふりふられる」現場の中で、悩み、苦しみ、考えてきた。私なりのソーシャルワーク観を紡いできた。その作業は今後も続く。

学生の時、実習先で担当したタケシさんから、「夢と希望を持って下さい」と言われ、私は何も返事ができなかった。でも、今の私なら言えるかもしれない。「タケシさん、私はソーシャルワーカーになりたいです」と。

その人の
＝
世界に出会う

わたしの「世界」とその人の「世界」の接点で

山岸倫子

はじめに

二〇一九年。採用面接でわたしはこんな質問をする。

――なぜ福祉の仕事をしたいと思ったのですか。

二〇一九年。大学の講義でわたしはこんなことを話す。

――わたしは普段は福祉の現場で働いています。

月から金曜までを福祉の世界で過ごし、土曜日は大学で非常勤講師をする。そうやって「労働」から解放された土曜日の午後、スーパーで買い出しをしながらふと思うのだ。


「わたしはなぜ、福祉の仕事をしているんだっけ?」

「そもそもわたしがしている仕事ってなんだ?」


そうして、土曜日の午後にぐるぐると考えて、日曜日にジョギングをしたら、スパッと忘れて、また月曜日が始まる。まるで進歩していない。メビウスの輪をぐるぐるしているような思考だ。ただ、本気で人から「なぜこの仕事をしているんですか?」と問われるときなんとなくごまかしきれないような気持ちになり、いくつかの具体的なエピソードが頭をよぎるのは確かだ。

北海道で生まれ育ったわたしは、本州よりも一〇年遅くやってきた「校内暴力」の中で中学生時代を過ごした。その是非はともかくとして、過去に流行ったシンガーソングライターが歌ったような管理的、支配的な空間としての学校教育の場への反発に満ちていた。学校の窓ガラスは割られ、消火器は巻き散らかされ、火はつけられ、破壊という形で「権力」に対抗するという幼いといえば幼い主張の形。わたしは、破壊活動に携わっていたわけではないが、優等生でもなく、一応稚拙ながらも考えはもっていた。そう、その考えが二五年たった今の活動の原点になっているのだ。

「差異」とは何か。「個性」とは何か。現代社会において果たして「個性」は許容されているのか。これが、当時のわたしの興味関心だった。どこの学校にも「〇〇な△△小（中）の子」というスローガンが掲げられている中で、当時わたしが目にしていたのは「個性あふれる〇〇小（中）の子」（小学校だったか中学校だったかは記憶が定かではない）というものだった。制服のブラウスの襟すら統一されている中で、個性もクソもあるか、と思った。いや、いまだに思っている。「都合の良い文脈での個性」のみが承認されることへの気持ち悪さ。その正体をきれいな言葉で隠そうとする大人への反発心。当時のわたしはまるっきり「中二病」だった。普通はそこから現実との折り合いをつけていくのだろうが、不信感いっぱいのわたしが明確な怒りを有したのは、友人の死に直面した時だった。一五歳秋のことである。もっと寛容な世の中であったのならば、死ななくても済んだのではないか。そう思ったし、今でも本気でそう思っている。

わたしの学歴や職歴は、統一性がなく、数年前の転職活動の際には、「落ち着きのない働き方だ」と面接官に言われる始末であったが、わたしの中では中学生のころからずっと一つの線でつながっているのだ。

ずっと一つの線でつながっていて、その中で公私ともにいろいろなことがあり、今がある。寛容な社会であるとはどういうことか。「はみ出した存在」はどうやって社会に吸収されていくのだろうか。

昨年までわたしは生活困窮者支援の現場で仕事をしていた。組織で働く以上、異動はつきもので、現在は現場を離れているが、それなりに支援観のようなものがあり、研修などを通して現場の若いスタッフに伝えていくことや、他団体の支援者への研修を行うこと、大学で人材育成をしたり、教養科目として福祉を教えて視野形成を図ったり、ということをしている。最近になり、どうやったら「支援」をきちんと伝えられるか、に頭を悩ませている。受容と傾聴と共感。これが大事だというのはみんな知っているが、本当に「聴けて」いるのか。「ふんふんふん、そうですね～大変でしたね～」と聞いていくことが「聴いている」ことになるのか。そもそも支援をするってどういうことか。

わたしは非常に「ふんわり」と支援をしてきた。一応大学院では福祉を学んできたが、優秀な学生とは言えなかったので、非常に怪しいながらも割と手探りで「支援」をしてきた。若い世代の人たちに、「背中を見て覚えなさい」というカッコいいセリフを吐いてみたい気もするが、それではダメな気もする。わたしがやっている支援は、「わたしの芸」には間違いないが、模倣されるべき職人芸であってはいけない。わたしの芸ができる人ではなく、〇〇さんの芸ができる〇〇さんになってほしい、ということをここ最近考えている。うまく言語化ができぬまま、時が過ぎてしまったが、最近になり「きちんと言語化したい」という欲求が出てきた。わたしがなぜ福祉の仕事をはじめ、日々何をしているのかということにきちんと向き合ってみたいと思った。それは、わたし自身が「ソーシャルワーカーになりたい」ということの表れでもあるのかもしれない。

大体一週間で戻ってくるメビウスの輪って何ですか、成長なしですか、進歩なしですか、ふざけてるんですか、と自嘲気味に思い、これはもう、メビウスの輪を抜けるときではないかと考え至ってこの文章を書いている。

この文章の中では「わたし」と「事例の人」が出てくるが、「わたし」のほうが出現回数は多いと思う。なぜなら、支援を伝える上で、「事例の人」がどういった人かということよりも、わたしがどうかかわったかということがより重要だからである。さらにわたしは「事例の人」をうまく書くことができない。個人情報を特定できないように加工するというのが非常に苦手なのだ。エッセンスを抜き出し細かい部分を再編することが難しい。それは、わたしはこれまで会った人たちを「総体」としてとらえているからだ。一つでも何かが違うと、とたんに「違った人」になってしまうので、手が止まってしまう。ここで書く、「事例の人」は加工ではなく、ほぼ架空であるが、ご容赦願いたい。繰り返そう。「彼らがどんな人か」ということが問題なのではなく、「わたしがその人をどのようにとらえ、どんなことをしてきたか」ということが大事なことであるので、事例のリアリティについてはさほど重要ではない。そもそも、支援を語るにあたって、「支援」の主語は「わたし」であるのだから、「わたし」そっちのけで、対象者の特性をああだこうだ言ってみてもしかたないという思いがある。「こういう人がいました」で終わることなく、「そういう人に対してわたしが何に基づき、どう考え、どう対応したのか」が「支援を語る」ということではないかと思っている。

さて改めて、二つの問いを。

わたしはなぜ福祉の仕事をしているのか。

わたしがしている福祉の仕事とは何だろうか。

第1章 わたし、育つ

最近、対話や語りという言葉をよく耳にする。わたしも支援には対話が不可欠だと思っている。対話とは、相互の語りによって構成されているはずだ。けれども、支援をする人は「彼ら」について語ることはあっても「わたし」について語ることは少ないように思う。「わたし」を語ることは、わたしにとっては、あまり楽しい作業ではないし、読んでいる人にとってもあまり楽しいものではないかもしれない。それでも、今のわたしを形作る根底にある「わたし」について少し語ってみようと思う。わたしが生きてきた中で、現在の支援観に影響を及ぼしているものがいくつかあると思うからだ。自己覚知の延長線上にこの章がある。わたしが今持っている価値観、人間観、社会観がどのように構成されてきたのか、ということをこの章で書いていきたいと思う。これは人によって全く違う。でも、ある種の精神性のようなものを核としてソーシャルワークを展開している人は多いと思うし、逆に言えば、それがなければソーシャルワークではないとも思う。「なぜ」「どういう立場で」「福祉を何だと思って」実践しているか。そこに、自身と社会のヒストリーがあり、その延長線上に支援がある。

わたしが「福祉」の入り口にたった直接のきっかけは紛れもなくある種の当事者性だった。

●幼少期

この原稿を書いているちょうどいま、中学生の息子が北海道の実家に遊びに行っており、わたしが通っていた小学校まで散歩に行ったよとメールがきた。わたしの根底にある場所だ。わたしが通っていた小学校は、なぜか集落からは離れた場所にあり、動物園と、冒険の森というかなりワイルドなアスレチックがあった。当時はそんなことはなかったが今は熊が出没しているようだ。森には遊具があった。遊具といっても、木にロープがくくられただけのものなど、かなりワイルドなもの。ターザンロープと呼ばれるその遊具を使って、崖から崖へと飛び移る遊びは、幾人もの骨折児童を生み出しながらも大人気で、いかに華麗に着地できるかを競って並んだものだ。ほかにも、落ちたらヤバい感じの丸太の橋もあり、今思うと別にたいして遊ぶものもなかったが、放課後はほとんどの時間を冒険の森で過ごしていた。走り、登り、下り、摘み、焚き、ウサギや鶏の世話をし、門限の一七時半を破って遊び続けた。

この時期にわたしが学んだことと言えば、クワガタのとり方と、焚火の仕方、土の質感によるすべりやすさの認知、粘土土の扱い方、キタキツネからウサギを守る方法、蛇がたくさんいる場所、毒蛇の見分け方、野イチゴがある場所、山菜の見つけ方、三つ葉と蝦夷トリカブトの違い、などなど。とにかく、体を動かし、五感をフルに動かしながら「遊ぶ」ことに没頭した。うまく言えないが、この時期の経験は、わたしの中でも非常に豊かなものとして、ストックされている。具体的に何がどう支援に役立っているのかはよくわからないが、支援をするとき、わたしはよくこの経験を思い出す。こうやって書くとまるであの有名なドラマのような生活だが（もちろん、電気もガス水道もあったし、あそこまでじゃない）、生きるために必要なことのいくつかをあそこで学んだように思う。

クワガタのとり方も、野イチゴのある場所も生きるためには特段必要ないのだけれども、自然と自分との距離感の中から生まれる「存在」への確固たる信頼もののようなものがそこにあった。なお、キタキツネは保菌する動物だ。実という実を食べてきたため、以降一〇年にわたり「エキノコックス病」の恐怖におびえたことも、強烈に印象に残っているし、久しぶりにあった同窓生の中でも「お前エキノコックスの検査したか？」なんていうことが話題にのぼるくらい身近だ。「死」への恐怖は度々わたしを襲った。相対的にそれは「生」を感じることでもあったのだと思う。自身の存在を相対化しながら規定していくことへのためらいのなさは、おそらくこの時の経験なのだろうと思う。そして、未知の存在を知る喜びや冒険心のようなものもこのころから持ち続けている。

遊び惚けていた幼少期であるが、いくつか「社会」への意識の萌芽はあった。一九八八年に放送されたテレビドラマ『翼をください』を見て、学歴による差別のようなものを初めて知り、大きな衝撃を受け、漠然とではあるが「学歴社会」を悪としてとらえるようになっていった。また、学歴社会に飲み込まれていく（自分も含めた）子どもたちが気の毒であると感じていた。「受験戦争」「学歴主義」「輪切り」そういったいくつかのフレーズを小学校のころにはすでに知っており、問題意識を持っていたということだ。学校教育という現場で求められる知的能力に基づいて判断される社会への反発心がすでに宿っていた。

●中学時代

わたしが入学したのは、冒頭で書いた荒れ放題の中学校だった。当時の田舎の学校の荒れっぷりは想像を絶するものだった。授業はあまり成り立たず、爆竹や非常ベルがなる毎日。先輩は異常に恐ろしく、短ランにボンタン。ツッパリのスタイルだ。リンチのうわさもよく聞いた。男女かまわず、だ。挙句、在学中に二回も学校が生徒による放火で燃えている。

正直、ビビッていた。どうしたらリンチの矛先にならずに済むか。靴下の色は、黒であれば問題ないだろうか、ほんの少し前までため口で話をしていた先輩にはやはり敬語を使わなければいけないだろうか、とか、そんな微妙な不安を抱えながらの入学だった。

わたしはそこから三年間、実に華麗に「ターゲットになること」をかわし続けた。目立ちすぎず、地味すぎず。適度な同調と、空気を読む力。仲間外れにならない努力。当時、ドラマ『高校教師』がものすごく流行っていたが、我が家では見ない類のドラマだった。そんな時も、新聞の「今日の見どころ」をチェックし、「聞かれる前にこちらから話題をふる」、つまり、こちらが持っている情報をある程度先に出してあとは相手に言ってもらうというスキルを使って「みんなと話を合わせる」という涙ぐましい努力をしていた。もともとそういったことが得意ではあったが、まさに「体得」と言ってよいような技術を身に着けていったし、人の反応の把握や話のもっていきかたのようなものもそこで学んだように思う。もちろん、まったく失敗がなかったわけではない。英語の授業で、「Which do you like rock music or classical music?」と聞かれた時に、うっかりと「良い子」の自分が出現し、クラシックと答えてしまった。小学校二年生に親に連れて行ってもらったシベリウスの交響曲第二番に感銘を受けていたこと、家でかかっていたのは、ベートーベンピアノ協奏曲やチャイコフスキーの交響曲、ドボルザークの交響曲で、わたしの生活で耳にする音楽は、クラシックがメインだったからだ。四〇近くなった今であれば、なんのためらいもなく、両方、と答えるのだろうが。先生も流してくれれば良いものを、「本当に？　米米クラブも好きじゃないの？」とか聞いてくるものだから、辺に目立ってしまう。ドラマだけではなく、テレビ全般あまり見ない生活だったので、流行りの歌についても追えていなかったのだ。そこからは、オールナイトニッポンでロック（というかJ-Pop）のお勉強。中学校の上下関係は難しい。部活で、上下のつながりもあるので、あまり「目をつけられる」ようなことがあると困る。「普通」にふるまうことに必死になった。一学年は二クラスしかなく、生徒の数も六〇名ほどしかおらず、ほとんどの生徒が小学校一年生からのお友達という状況の中で、同学年の子たちとの関係性はそれほど困らなかったが、それでも孤立するわけにはいかない。こうして、時をやり過ごし、わたしは中学三年生になった。荒れていた一つ上の先輩たちが卒業し、学校はガラリと変わった。

爆竹がなることはなくなった。誰も歌うことなどしなかった合唱コンクールで、歌声を競って真剣になるというそれまで考えられなかった「中学生らしい」青春の日々。しかし、三年生になる前に、幾度となく「リンチ」や校舎の破壊があり、PTAや教員は保護者会を開くなどして喧々諤々していた。警察介入すべきである、とか。先生方は「巨悪」には立ち向かわず、重箱の隅をつつくような制服の乱れを指摘し続けた（ように見えた）。そういった経験が、校内が落ち着いた三年生になってからも、わたしの中にくすぶっていた。建前だらけの学校（大人？）を二年生までに感じてしまったように思う。誰が言い出しっぺだったかわからないが、制服は憲法違反である旨の主張がなされ、制服廃止の是非について、クラスで議論が沸き起こった。担任だった社会科の先生は非常に喜び、そして感動したらしく、「こんなに議論ができるのなら是非死刑制度についても議論をしてほしい」と言い出したが、まるで盛り上がらなかった記憶がある。わたしたちは「わたしたちの経験と肌感覚」から生まれた問題意識を抱えていたから「議論」ができたのだと思う。当事者性を有していたからこそ、本気で、必死になっていろいろと考えることができたのだろう。

わたしたちの学年はちょっと変わった学年だったのかもしれない。文化祭では、「戦争と平和」という中学生らしからぬテーマを扱い、ナチスによるユダヤ人虐殺やT4計画（障害者虐殺計画）、七三一部隊と、今考えると「人権」が根底のテーマになるような展示を行った。こうした経験は誰もが味わっているものではないだろう。かなり特殊な環境、そして、当時居合わせた同学年の友達、当時の自分の相互作用で成り立っていたものだからだ。

●高校時代

田舎だったので、塾に行くわけでもなく、どうやって勉強していたのかは覚えていないが（たぶんあまり大事なものではなかったらしい）、高校はいわゆる進学校に入学した。学力的な差異もなく、勉強さえしていれば自由という校風。「輪切り教育」に反対の立場であったが、その後大学に進むことを念頭に置き、とにかく自由な高校に進学した。高校はとても穏やかで（多分それが普通）安心して三年間を過ごしたわけだが、中学時代から続く問題意識や友人の死で抱いた怒りは消えないままだった。爆竹がなることもなく、トイレのドアが破壊されることもない。勉強と部活に落ち着いて取り組める申し分のない環境だった。

しかしこれがわたしを鬱々とした気分にさせた。この平和がどこから来ているのか。高校に進学する直前には阪神淡路大震災があり、地下鉄サリン事件があった。その後、神戸の少年A事件が起こり、社会はざわついていた。数々ある「社会問題」と自身を取り巻く「平和な環境」。問題が表面には出てこないという状態に居心地の悪さを覚えながらも三年間を人並に過ごした。

進学の時期が近づき、親にこんなことを離した記憶がある。「物事を変えるには、中に入って変える方法と、なし崩しの形で変える方法の二通りがある。中に入って変える方法を考えている」と。なんて生意気で嫌な高校生だろう。

●大学時代

そうして選んだのが「教育学」の世界だった。何とかぎりぎり現役で名古屋の私大に合格し、飛び込んだ先で第一の試練が始まった。教育を変えるために「教育」の中に入るつもりだったがこれがとにかく面白くない。きっともっと学べば面白かったのだと思うが、とにかく毎日の講義がつまらなかった。大学はまだ、今のようにしっかりとカリキュラムが組まれていたわけではないし、アクティブラーニングという概念もなく、教授の語りを聞くスタイル。わたしは幻滅した(今思うと未熟なだけだったが)。指導方法とかどうでもよい、もっと教育そのものの持つ意味を考えたい、なぜ誰も疑問を持たないのか、なぜはみ出す存在に目を向けないのか、なぜ「それでよいと思うのか」。

とにかくさぼり気味な日々が続いた。悶々としながらため込んだストレスは、意外な方向で出てきた。

カップ焼きそばと某カレーショップのカレーと惰眠という形で日々に巣くっていった。やばい、このままじゃやばい、単位もやばいし体重もやばい。そう思いながらもなかなか動けない日々。そんな折、教育社会学でAプラスの成績をとった。その時の同級生の一言がわたしの背中を押した。「リンコ（当時そう呼ばれていた）、不真面目なのにズルい」と。確かに不真面目だった。彼女は本当のことを言っただけなのに、わたしは腹を立てた。こんなにいろいろと考えているのに、不真面目？　講義だけ出ていれば真面目だとでも？　そう思ったときに、何とか事態を打開する方法を考え始めた。

当時わたしがしたかったこと、それは教育そのものの在り方を問うことだった。そして、同期とともに、あるべき社会やあるべき教育について夜な夜な語りあかすような生活だった。どうやったら、それが手に入るのか。どうしたらよいのか。そうして割とあっさりと決めたのが「教育学やめた」「私大やめた」の選択だった。教育学の外から教育を見られる学問、そして、もう少しいろいろな人がいるであろう国公立大学の社会学関係の部に編入をもくろんだのだ。選んだのは、静岡の大学。なぜかと言われれば、社会学部があり、英語の試験が辞書持ち込み可だったからである。そんな簡単な決め方でよいのかと思うだろうし、たぶん世間一般の編入生はもっと高尚な選び方をしているのだろう。

そうして、わたしは人生三度目の受験に挑んだ。編入試験のテーマは、「環境破壊について」。わたしは「環境保全運動」が嫌いだった。車がこんなに走っていて、夜じゅう明るいのに、割りばしの一本が何さ、と思っていた。匙を投げて退学した私大でも、面白いと思った講義がいくつかあり、その中の一つが共生に関する講義だった。共生といっても、福祉でよく言うような障害者と健常者の共生という文脈ではない。イソギンチャクとクマノミとかの共生だ。講義の中で、教授が言ったことを未だに大事に覚えている。「自然界の共生というのは、聞こえはよいが簡単なものではない。長きにわたる争いの中から、ようやっとたどり着いた妥協の形。生易しいものではない」と。この感覚がわたしにすとんと落ちていた。これはもしかしたら、小学校時代の経験によるものなのかもしれない。とにかく、わたしは編入試験で、「環境（自然）とヒト」との関係を相対化してみた。そうやって、何とか「社会学」の世界に滑り込んだ。

これが面白い。常識と思っていたことを問い直す過程に頭がしびれた。「なぜ人を殺してはいけないのか」「常識だと思っていることは本当に常識なのか」魂が揺さぶられる思いだった。そしてわたしはいろいろな意味で「自由」になれた気がした。言葉にすると割と単純だ。それまで内面化してきた価値規範を、学問によって相対化することによって、自らを呪っていた価値規範から解放されたのだ。医療社会学でアーヴィング・ケネス・ゾラを知り、家族社会学の講義で障害学に出会った。ゼミでは、「まなざしの地獄」を扱った。当時全く（共感という意味で）理解できなかった「まなざしの地獄」は、最近になってまたわたしの中に重要な書物として立ち現れている。理解できないという文脈でさえも、社会学は大きな影響を与えたのだ。わたしはたちまち夢中になった。富士山が見える地域、海が近い自宅。旨くて安いマグロ。温厚な時間、学ぶ学生、素晴らしい日々がやってきた。

もはやこれでわたしも安泰だ、と思ったときに、私大時代の焼きそばとカレーの祟りがやってきた。アッという間に一〇キロやせて、「不健康」なモードになってしまった。とにかく、胃腸の調子が悪い。胃カメラを飲むこと数回。異常はない。婦人科かね、と言われて、婦人科へ行くも異常はない。ストレスかね、と言われて心療内科へ。もう一度内科でしっかりと見てもらったほうが、と言われて内科へ。

そして、恐ろしいことに「不健康モードは」以降七年にわたり、わたしの生活を支配し続けた。ちなみに、七年後に自身の見立てに基づいて病院で検査を依頼し、原因が判明した。そこに至るまでずっと、ままならぬ身体を抱えることとなった。

こうして、わたしの心は自由になったが、身体がままならぬ状態になってしまった。身体がままならぬということを認識したとき、またもや心が不自由になってきた。困った。また困ってしまった。これでは就職活動などできるわけがない。そもそもバスに毎日乗れる体調ではない、かろうじて単位は取り切っていたが、動きが取れない。ヤバいどうしよう。そうしてわたしは再び社会を呪い始めた。そもそもなんでみんな同じ時間に会社に行かないといけないわけ？　誰が決めたんですか？　いつ決めたんですか？　完全に小学生レベルの八つ当たりモードである。いや、もう少しまともな言い方をしてみよう。ルサンチマンだ。

そうしてわたしは「適応できない身体」を抱え、「適応を迫る社会」という敵を設定し、呪いながら攻撃対象を「社会」にシフトしたのだった。「適応できない身体」を呪ってしまったら動けなくなる。まるで、戦闘地域で後ろを振り返らずにひた走るように、社会を呪い続けた。人を呪わば穴二つ、というが、人じゃなくて「社会」に抽象度を上げたので、きっと呪い返しはないだろう、と信じながら。

●大学院時代

障害学という伏線がありつつたどり着いたのが福祉の大学院である。大学では、障害個性論を中心とした学校教育における価値再生産のプロセスについてまとめた。まとめているうちに、「障害者」という存在の位置づけが現代社会のありようをよく反映していると思い始めた。そうしてもう少し掘り下げたいという気持ちが出てきていた。当時の指導教官の先生は、ご自身の出身校を勧めてくれた。わたしはありがたくこの勧めを受け取った。なぜなら、アカデミックな世界というものや大学という組織そのものに、異常なまでに興味を持てなかったからだ。修士と博士という存在すらぼんやりしていた。きわめて「常識外れ」で無作法な有様であったが、諸先生方に迷惑をかけまくりながらなんとか社会福祉学の院生という地位を手に入れたのだ。

富士山の地域から東京まで。新幹線で具合が悪くなり、ひかりを使い途中下車を繰り返しながら七時間かけて上京。泊めてくれた友人にも感謝。一日目、午前中に試験を受けて、夕刻に結果が張り出される。わたしは、ままならない身体を引っ提げたまま、大学近くのアウトレットで真っ青になりながら時間をつぶした。おおよそ、大学院を志すありようではない態度。思えば面接に真っ赤なテロテロのスカートを履いていった編入試験から二年たち、スーツを着ていっただけでも成長したというもんだ。なんとか二次試験まで進み、具合が悪くなって途中退出することもなく、「大学院生」という社会的な地位を獲得した。

人によって大学院の位置づけは様々だ。もっと勉強をしたいという人が行くのが大学院だろう、わたしの場合は完全に「執行猶予（＝モラトリアム）」。本当に申し訳ない。真面目な人にとっては大変迷惑な話だと思う。「適応できない身体」は（親の）お金と機会と若干の能力とタイミングによって、「社会」に何とか吸収されたのだ。

ということで、わたしと福祉とのかかわりのはじめは、非常に自己中心的である。根底には、中高生時代に抱いた義憤のようなものもあるが、そこに自身の「ままならぬ身体」が加わったことで、決定的なものとなった。
アルバイトもしていたが、大学院の進学と同時に声をかけてもらったのが障害者運動の団体だった。これはとても助かったし、その後に大きく影響している。少なくともわたしは、大きな声でいらっしゃいませ、という仕事には向いていないと思っているし、スマイルを0円で売るとか絶対できない。福祉関係の団体であれば、そういった個別の事情に寛容だろうという甘えにより、アルバイトを始めた。こうして、本格的に福祉の世界に取り込まれていくこととなる。逃げの一手から始まった福祉への道。二〇〇二年春のことである。阿部謹也氏の著書『自分のなかに歴史をよむ』と出会ったのもこの頃だ。しかし、阿部氏の著作も含めて、体験と大学院で学んだ知識がリンクをしていくのはまだ先の話のことである。阿部氏の著作もまた、最近になって深く深くしみ込んでくるのである。

〈参考文献〉
阿部謹也　2007『自分のなかに歴史をよむ』筑摩書房
見田宗介　2000『まなざしの地獄』河出書房

第2章

わたし、出会う

●乖離する世界の中をすすむ

ときは過ぎ、二〇一一年三月一一日。わたしはとある役所の会議室にいた。採用面接の予定が入っていたのだ。当時わたしは大学の求人に応募しつつ、アルバイトを掛け持ちしていた。大学非常勤、社会福祉協議会の補助スタッフ、当事者運動の調査研究事業、家庭教師、などなど。そろそろその働き方にも疲れていた。子の小学校入学を迎えるにあたり、もう少し落ち着いた仕事の仕方をしたいと思い、転職を決意し、求人に応募し、書類選考も通って面接に呼ばれたのだ。

面接の前日、東日本大震災が発生した。わたしは社会福祉協議会のアルバイトの真っただ中だったが、すぐに飛び込んできた映像に、脈が速くなった。被災地に知り合いがいるわけではなかったが、一瞬にして津波に飲み込まれていった人が大勢いることは容易にわかり、混乱と苦痛の念のようなものが呼び起こされ、心が締め付けられた。同時に当時五歳だった息子が幼稚園にいるが大丈夫だろうかと心臓がバクバクしてきた。たまたま義理の親が迎えに行ってくれる日だったため、安全な場所に避難ができたとすぐに連絡が取れ、バクバクとした心は再びざわざわと揺れ動き始めた。「渦中（わたしにとっては子の安全）」から離れた瞬間に、同時に東北で起こっていることに心がざわつき始めたのだ。食器棚くらいは倒れているかもしれない、と覚悟して帰宅したが、我が家ではシャンプーのボトルとハムスターのケージの蓋がずれた程度の変化しかなかった。帰宅したその時、蓋がずれたのを良いことに、脱走していたハムスターが玄関先で小さく仁王立ちしていて、東北での心痛む映像とはかけ離れた何とも間抜けで平和な光景に一気に気が抜けていった。

ハムスターを捕獲したその時、電話がなった。「○○役所の坂下と申します。大変な状態ですが、明日の面接は大丈夫でしょうか」わたしは即座に答えた。「大丈夫です。電車が動いていなくてもうかがいます」。そうして、一二日、わたしは余震で揺れる役所の中にいた。

揺れてはいたが、なんとも不思議な空間だった。未曽有の大震災が起こっているさなか、わたしはわたしの未来をかけて、面接にいどんだ。そのパラレルな感じが、若干の罪悪感をもたらしていた。しかし、罪悪感で動けなくなって良い場面でもない。自身の未来がこの面接にかかっている。わたしの明日はわたし中心にやってくる。わたしは自分が職を得るために最善を尽くそうと自分の世界に無理やりに戻った。

坂下課長：「えーと。もし、酔っぱらった人がぐでんぐでんになって現れたらどうします？」

わたし　：「アルコール依存を疑い、病院や保健所につなげ、可能であれば手帳の申請の可能性を検討したうえで、他法他施策がないか考えます」

坂下課長：「うんうん。……そううまくいくかな（にやり）」

坂下課長の「にやり」が気になりつつも、その日は三〇分あまりで面接が終わった。帰り道にまたふつふつとわく罪悪感のようなものを、敢えて決定的なものにするかのように、わたしはその帰り道に三つ目のピアスホールを開けた。何の言い訳もできないよう、わたしはわたしの世界中心で動きましたよ、ということを認めたかったのかもしれない。

●生活保護の現場に足をふみ入れる

こんなやりとりを経て、わたしは生活保護の面接相談員として働くこととなった。わたしにあてがわれた仕事は、生活に困窮している人の話を聞き、生活保護適用になるかどうかの一次的な見立てをすることだった。社会福祉法に定められた生活保護地区担当員が担当すべき数（法定数）は八〇世帯。当時、都市部の多くの地区担当員が、その世帯数を大きく超える世帯数を担当していた。すべての相談を受理し、調査をする余裕がない。また、生活保護の申請にはいくつもの挙証資料を持ってくることが通常であるから（ただし、これはないと申請できないものではない。ケースワーカーには調査の権限が与えられるので、調査をすればよい。ただ、相談者するすべての人に対し、調査をしていては、本来のケースワーク業務は全くできないだろう）相談者にとっても負担となる。面接相談のみに特化した職員を置いて、一時的な見立てをするという職が導入されていた。巷では「水際部隊」などとも呼ばれており、あまり良い印象がないポストでもあり、確かにやりようによっては水際で生活保護申請をさせないということもできるため、本来であれば、専門職や法を適切に運用できる人を置くべきなのだろう。現に「若いから働ける」と言って追い返されたという話も未だ聞くところである。

当時のわたしは、生活保護制度について詳しかったわけではない。ただ、障害者運動に長くいたわたしは、「声にならない声」や「障害者ではないがいろいろと不自由な人（過去の自分）」に出会える場所を探していた。それが生活保護の現場ではないかとあたりを付けての応募だった。

四月一日。わたしがはじめにした仕事は、「交通整理」と呼ばれる業務だった。一日は多くの福祉事務所で保護費の支給日に当てられている（他に、三日、五日が支給日というところが多い）。以前NHKスペシャルだったかクローズアップ現代で大阪の支給日の様子を見たことがあり、衝撃を受けたことがある。開庁と同時に我さきにダッシュしていくような光景がうつっていたのだ。わたしが働いていた自治体はそれほどでもなかったが、やはり待ちに待った支給日で、イライラする人もいたし、順番を抜かしただのなんのと小競り合いになりそうな雰囲気があった。同時に、風呂に入っていない人がいるのか、失禁をしている人がいるのか、すえた匂いが立ちこめていた。ケースワーカーは忙しそうにお金を渡したり、医療券の手続きをしたり、どなられたりしている。振り込みでの支給が一般化し、現在はこういう状況は見られなくなっていたが、わたしは松田優作ばりに「なんじゃこりゃー」と心の中で発し、内心わくわくし始めていた。

●「聞きとる」仕事の作法

わたしの仕事はまず聞き取りから始まる。今日はなぜ相談に来たのかということから尋ねていく。もちろん、生活に困っているから相談に来るのだが、なかには話を聞くと介護保険の話だったり、保育園の相談だったりということがあったりするので、まずなぜ相談に来たかを聞くことにしていた。自分のことを話す人が苦手な人も苦手ではない人もいる。いずれにせよ無駄聞きするわけにはいかない。大事な個人情報を無駄に聞くわけにはいかない。そんな信念のようなものがわたしの中に存在する。話すということはそれだけで大変なことだからだ。

わたしはわたしについて語ることができ、ここまでわたしのことをずいぶんと書いてきたが、書いていないこと、書けないこともたくさんあり、ここまでなら良いかなと思って書いている。大学院に入った二二歳のころから生活保護面接相談員の採用面接の話までの九年間についてはすっぽりと抜けているが、これはわたしが現段階で他人に言いたくないことがたくさんあった時期ということだ。その時期は何をしてらっしゃったんです？　と聞かれたとき、「資格とったり子育てしたり、ええまあいろいろ」という答え自体は持っているものの、あまり突っ込んで聞かれていくとそれなりに疲弊する九年間だ。ここをずけずけと聞かれる機会が一度だけあったが、その時に、「自分のタイミングではなく自分のことを聞かれる」ことがはらむ暴力性を痛感したのだ。そんな体験もあり、人に何かを聞くこと自体に慎重であるほうが良いと思っている。しかも福祉が対象とする聞き取りの事項は、かなりプライベートなことであり、通常は「人には言いたくないこと」である。

わたしは最大限留意しながら次のようなことを聞き取っていた。まず先ほど書いた「なぜ相談に来たか」から始まり、お金に困っているのであれば、収入の有無、種類（年金か就労収入か、など）、金額、今の手持ち金、活用できる資産があるかどうか、などなど。とにかく、通常であれば、他人に言いたくないことばかりだ。これをひとつひとつ聞いていく。

生活保護制度には他法他施策の原則がある。他法他施策を活用してなお困窮状態である場合に生活保護の適用になるという原則である。この「他法他施策」には様々なものがある。社会保険における傷病手当や雇用保険における失業給付、障害年金、遺族年金、老齢年金、各種手当などフォーマルな給付制度だけでなく、資産活用（生命保険、車など）、扶養など。日本の制度はある意味とてもよくできていて、市場をベースとして、稼げる人は多くの人の共通のニーズである医療保険で対応し、稼げない人は稼げない理由に応じて制度が用意されている。加齢には年金が、障害や大黒柱の死にも年金が、母子家庭には母子手当が用意されている。これらの施策で何とかできるかできないかということについてのざっくりとした見立てを行うのが、わたしの仕事だった。

生活保護制度では、「お金を手に入れられない理由」ごとに世帯類型が設けられている。高齢世帯、障害世帯、傷病世帯、母子世帯、である。そしてそのいずれでもない世帯（就労阻害要因のない世帯とも表現される）が、その他世帯、である。二〇〇八年、リーマンショックにより、多くの派遣労働者が派遣切りされ、失業とともに居所を失うという事態が発生していた。その他世帯の中には、発達障害を持つ人や障害認定を受けていない知的障害者、アルコール依存などの精神疾患を抱えるものが大勢いた。わたしは聞き取りから見立てを行い、申請を受理し、ケースワーカーに引き継ぐ、ということを日々することとなった。

●イワシタさんという「存在」に学ぶ

わたしは坂下課長のざっくりとした見立てにより住居のない人の相談担当になった。住居のない人はいわゆるホームレスをはじめ、ネットカフェ難民、避難希望の母子世帯、家出、追い出され、出所者、帰来先のない長期入院患者だ。当時、わたしとともに入職したコスギくん（三〇代男性）は居宅ケースと呼ばれる「おうちのある人担当」になった。居所のない人の相談はとてもクリアだった。あるかないか、働けるか働けないか、生活保護を受けたいか受けたくないか、みたいな聞き方がメインだ。生命保険に加入している人もほぼ皆無だし、株や資産の心配もない。単身者が多いので、最低生活費の計算も簡単だ。だから、経験者のコスギ君ではなく、ほぼ素人のわたしが居所のない人担当になったようにも思う。

面接接での「にやり」の意味を知ったのは入職して間もなくのことだった。ぐでんぐでんはぐでんぐでんだけれども、病院につなぐとか、それ以前の「突きつけられ感」なのだ。わたしは、入職すぐに、ぐでんぐでんの人に出会ったわたしが、最初にやったことは、保健所への連絡でもなく、病院に行くように説得することでもなく、ゲロ掃除だった。四の五の言う前に、そのゲロを何とかしないと、前に進めない。比喩ではない。物理的に相談室にすら入れない。わたしに最初の揺さぶりを教えてくれたのはイワシタさんだ。イワシタさんは、五〇代。ガリガリにやせていて、しかもテロンテロンの服を着ているものだから、よけいにやせて見える。紙袋にビーチサンダル。服からは異臭がした。でも、異臭を上回るアルコール臭。イワシタさんは、橋の下で寝泊まりするホームレスだった。

イワシタさん：「おい、バカ、水持ってこいや」
イワシタさんは苦しそうに吐きながら、言っている。
わたし　　　：「あっ。はい、水ですね」
そりゃそうだ。こんなに酔っていたらまずは水だ。気の利かない自分、てきぱき動けない自分に嫌気がさしていると、地区担当員が、水を持ってきてくれた。
わたし　　　：「イワシタさーん、お水ですよ。ちょっと飲んで落ち着いてくださいね」
イワシタさん：「まったく、最近の女は気が利かねえなー」
部分的に図星なので、多少むっとしながらも、「どうぞ」と手渡す。
イワシタさんは、ゴクッと一口。とたんに烈火のごとく怒り始める。
イワシタさん：「ばかやろー。本当に水を持ってくるやつがあるか」
わたし　　　：「……はい？」

イワシタさん：「上善水の如しって知らねえか？　ったく。勉強はできても、ダメだな」

べろんべろんなのに、悪態は一流。時々図星。

とにかく、言っていることを理解しようと考える。上善水の如し。そうだ。そういえば両親がお正月に飲んでいた。日本酒か。

わたし　：「あの、もしかして……酒もってこいって言ってます？」

イワシタさん：「おうよ」

わたし　：「いやいやいやいや。とりあえず、お酒抜いてくれないとお話も進みませんよう」

イワシタさん：「なんだと？　酔っ払いの話は聞けないってーのか。大体な、俺にとっては酒は水のようなもんなんだよ」

酒は水のようなもんだ、というなら水でもいいじゃんねえ、と心の中で突っ込みを入れたその時、わたしの中で何かがはじけて、笑いだしてしまった。イワシタさんもつられて笑い始める。

イワシタさん：「おっ。姉ちゃん、俺なんか面白いこと言ったか？」

わたし　：「いえいえ。そんなわけじゃないんですけど。なんか、イワシタさん楽しいなとおもって」

イワシタさん：「んなことねーよー。ただの酔っ払いだよー。や、ごめんな。申し訳ない。出直してきます」

なんだかよくわからないが、一応、「え？　今日相談申請じゃなくていいんですか？」と聞いてみる。だって、今日の夜、何か困ったら大変じゃないか。

イワシタさん：「いーんだよいーんだよ。この生活五年も続けているんだから、今日じゃなくたって」

誤解しないでいただきたいが、生活保護の現場でいつもこのようなことが起こっているわけではない。多くの相談者が、生活に困り、神妙な面持ちで、緊張し、必要以上に恐縮しながらやってくる。ただわたしはイワシタさんに酒を要求されながら、「困っている」ということの表現方法が「神妙な面持ちで、申し訳なさそうに」という一択ではないことを教えてもらったのだ。そして、「受容」や「傾聴」が難しいことを知った。連携、とかつなぐ、とかの前に、いやそれ以前に主訴の前の段階から「向き合わざるを得ない生」があることを何となく教えてくれたのだ。

後日、イワシタさんはシラフで現れた。前回来訪時の件を詫びつつ彼はこういった。「だって、役所なんて、入ったことないから、契機づけしないと入れないと思って。でもあれで、あんたを指名すれば良いことがわかったから今日はシラフできた」と。

指名ってなんだか別のお仕事みたいだけれども、まあいい。わたしは、前回とは別人のイワシタさんにいきさつを聞き、イワシタさんは生活保護申請に至った。イワシタさんの所持金は一〇〇〇円と八円だった。はじめは八円と言ったのだが、わたしが預貯金はどうですか？　と念のため聞いたところ、おもむろに、足を組み、靴下の内側に挟んである一〇〇〇円を取り出した。「ここ、俺の銀行」。

ユーモラスだかなんだかよくわからないが、わたしの言う預貯金と、彼のとらえる預貯金には、少し差があるようだった。わたしはいわゆる銀行という金融機関に預けてあるお金を預貯金と呼んでいたが、彼は、「万が一の時のたくわえ」を預貯金と言っていた。わたしは大学での「常識を疑え」という言葉、そして社会は言葉で構成されており、言葉もまた構成されるものであるということの意味を痛感した。いずれにせよ、一〇〇八円では要保護だ。挙証資料も何一つない。住民票もない彼は、地区担当員の手に渡り、住民票の再設定から生活を立て直していくこととなる。逆に言えば一度ホームレスの生活に陥ったのち、制度を使わずに「通常の」生活になることは非常に難しいことなのだ。その後、彼は、結果的に病院につながり、結果的に手帳を取得し、結果的に障害のサービスにのることになった。あくまでも結果だ。

イワシタさんの対応を終えた後、課長に報告に行くまでもなく、課長はわざとわたしの後ろを通り、「いや、ごくろうさん」とにやりと笑った。

わたしの魂の労働が始まった。

第3章

わたし、冒険する

●ノボルさんの世界をかいまみる

わたしは来る日も来る日も生活保護の相談を受け続けた。福祉の仕事は、病んでしまう人も多く、ストレスのたまる仕事、そう言われることが多いが、わたしは毎日がバカみたいに楽しかった。どうしてあんなに楽しかったのか？　今考えるとわたしは冒険に出ていたのだと思う。

最近わたしは可能な限り月一回くらいのペースで登山をする。体を動かし思いっきり汗をかき、限界を超えて登っていく。そうして見たことのない景色を見る。分かれ道がどうつながっているかが気になり、次に待ち受けている風景がどんなかを想像しながらわくわくする。第1章で書いた道産子スピリチュアリティだ。冒険を「楽しい」と認識するようにできている。

わたしは生活保護の相談で、相談者の人生に「冒険」に出ていた、と思う。わたしが知らない世界。わたしが知らない風景。その世界を少しだけのぞかせてもらう。良い悪いではなく、その人の世界がそこにあるということを、わたしは感じていた。

ノボルさんは、覚せい剤の密売人だった。密売人が売り物に手を出しては絶対にいけないはずなのに、手を出してしまったらしい。覚せい剤使用による複数の逮捕歴があった。すでに重度の覚せい剤後遺症を持っていたノボルさんはいらだつことも多かったし、幻覚も見えると話していた。相談当初は幻覚を幻覚として認識していた。

ノボルさん：「あなたのことがパイナップルに見えます。たぶんこれは幻覚です」
わたし　　：「そうですね。わたしもわたしはパイナップルではないと思っています」
ノボルさん：「（苦笑しながら）ですよねー。パイナップルが市役所で相談員やっているわけはないっすよね～」
わたし　　：「ですね～」

彼は、適切な治療と服薬で安定するようにも思われたし、彼自身通院を望んでいた。しかし、現実的に難しい問題がいくつかあった。薬物性精神疾患の可能性が高い人の外来受診は容易ではない。かといって、暴れたりするわけでもないので、入院もハードルが高い。そして何より、彼には居所がなかった。刑務所に入っている間に居所を失ってしまっていたのだ。おまけに足が不自由で、階段が使えない。とにもかくにもネットカフェで保護開始し医療を入れて、その後アパートで、と筋を書くも、ネットカフェにも入れる状態ではなかった。簡易宿泊所も、犯歴や身体上の理由から入れそうもなかった。かろうじて持っていた手持ち金でホテルにいる間に何とかしなければならない。生活保護制度の誤解の一つにホームレスは生活保護を受けられないというものがある。これは厳密に言うと違う。生活保護申請と同時に居所を定めること（つまり、その時点でホームレス生活を脱却するという意味で）により保護申請は可能である。しかし、ホームレス状態のまま保護を受けることはできない。定める居所は、様々だ。ホームレス状態からの申請は通常簡易宿泊所という場所を経由する。もしくは、ネットカフェやカプセルホテルを経過的居所という扱いにし、保護を適用し、アパート転宅をしてもらうこともある。また、病院に入院と同時に保護申請ということもある。ノボルさんは、そのどの資源も使えなかった。簡易宿泊所やネットカフェは物理的な障壁があるからだ。来所当日から三日間、わたしは不安から状態悪化するノボルさんに振り回されることとなる。

「電話はいってまーす。〇〇病院からでーす」

電話を替わると、立腹気味の相談員さんの声。

病院相談員：「あなたが担当ケースワーカーさんですか？　ノボルさんが、あなたが担当だというんだけど」

わたし　　：「いえ。面接相談員で彼の相談を受けています」

病院相談員：「なんでもいいから早く迎えに来てちょうだい。この人、頭の中に何かいるっていって先生にしつこく検査を迫っているけれど、どう考えたって精神科受診が先でしょうよ」

わたし　　：「いや、わたしもそう思っています。ただ、なかなか思うように受診につながらないんですよ」

病院相談員：「もう。なんでもいいから迎えに来てやってちょうだい。あなたの名前を聞きだすのに苦労したんだから。記憶もあいまいみたいで。あなたのお客さんでしょ。足が悪くて一人で帰れないっていうのよ」

わたし　：「わかりました。少しお待ち下さい」

電話を保留にして、わたしは坂下課長に相談した。

わたし　：「ノボルさんが、救急車でA病院に搬送されたみたいです。頭の不調を訴えていますが、精神症状ということで継続的な治療は精神科で受けるようにというのがドクターの見立てだそうです。ただ、足のほうが一人で帰れる状況ではないので、迎えに来てほしいと先方の病院さんが言っていますので……」

坂下課長：「ん。だって、行きたいでしょ。行ってらっしゃーい」

通常、面接相談員は、外にはあまり行かない。今は困窮者自立支援法があり、アウトリーチと言われているが、当時はまだアウトリーチが盛んではなく、坂下課長の二つ返事に驚いたが、板挟みにならずに済んで少しほっとした。そして坂下課長の言う通り。わたしは「迎えに行きたかった」のだ。

わたし　：「もしもーし。じゃあ、迎えに行きます。四〇分くらいで到着します」

迎えに行くと、少し落ち着いたノボルさんが、待合室で待っていた。

ノボルさん：「遅いよう」

わたし　：「すみません。電車なもんで」

ノボルさん：「電車なの？　なんで車じゃないの？」

わたし　：「すみません。わたしそもそも免許ないんですよ」

ノボルさん：「え〜役立たず」

とはいえ、この時すでに役所で車いすを貸し出していたので、ノボルさんの足にはそこまで負担はないはずだった。わたしは病院の相談員さんに挨拶をし、彼の車いすを押して病院を出た。相談員さんは、電話ではすごく怒っているように聞こえたが、実際に会うととてもやさしく、彼がいけそうな精神病院のリストをメモで渡してくれた。彼に適切な医療を受けてもらいたいのは、わたしだけではないのだ。

ノボルさんは道中、死にたい、とつぶやき続けた。早く精神科につなげなければならない。前日から外来のある精神病院に順に連絡を入れていたけれど、「覚せい剤の人はちょっと」とか「内科合併ということでしたらちょっと」「うちは階段ばかりの病院で」と、なかなか受け入れてくれる病院は見つからなかった。

ノボルさんは、当時まだ三〇代だった。彼の故郷は長崎。両親は一〇歳の時に離婚していた。正確には、母が交際相手だった男性と暮すために家を出て、それからは酒浸りの父と暮すようになったという。父は酒に酔ってノボルさんを殴った。よく聞く話だ。でもよく聞く話として片づけては決していけないと感じた。彼には彼が感じてきた痛みがあり、孤独があった。彼を苦しめてきたのは父だけではない。わたしだってどこかで加害者なのかもしれない。

わたしの幼少期にも彼のような境遇の子供がいた。わたしはそういう子供たちをどんなまなざしで見ていたのだろうか、そして彼らにとってどんな存在だったのか。ふと、わたしはニコちゃんを思い出していた。幼少期に出会った少女だ。かわいい名前だが、ニコちゃんの親は、「二人目の子供だから二子と付けた」ということだった。そして、ニコちゃんを置いて「自殺」した。正確には、お父さんに暴力を受けたお母さんが「自殺」し、お父さんは酒浸りになり彼女曰く「血を吐いて」死んだという。施設で生活していたニコちゃんは、お弁当持参の日になると、よくわたしのお弁当を見ては「いいな、それ食べたことないの」と言って、穴が開くほど見つめてきた。わたしは食べづらくなって、「いいよ、あげる」と言ってニコちゃんにおかずをあげていた。当時幼かったわたしがニコちゃんにしていたことは、ニコちゃんにとって、どんな風に映っていたのだろうか。わたしがしていたことはニコちゃんを傷つけはしなかったのだろうか。いや、それ以前に、わたしという存在そのものもニコちゃんには憎らしかったのではないか、そんな風に感じることがある。

わたしはニコちゃんのことを思い出しながら、ノボルさんの話に聞き入った。ノボルさんには歳の離れた妹がいて、それはそれはかわいがっていたのだが、ある時父はノボルさんではなく妹を殴ろうとしたのだという。ノボルさんは、父を止めるために、当時どこにでもあったガラスの灰皿で父の頭を殴ってしまい、以降施設に預けられることとなった。妹も施設に預けられ、父の暴力にさらされずに済んだ、とノボルさんは嬉しそうに語った。妹さんとは？　という質問に対しては、「会えるわけないでしょ。こんな兄貴。イヒヒ」。

まるでフーテンの寅さんのようなことを言う。ただ、わたしは彼が幼少期に妹と海で遊んだ話を聞きながら、その情景を想像し、温かい気持ちになった。今、「常識外の行動」でこんなにもわたしを振り回しているのに彼はまだ何かをあきらめていないということが伝わった。それは妹さんの幸福であるかもしれないし、自身が妹さんを救ったという自負なのかもしれない、そしてそこに自身の存在や生きる意味、生きてていいんだと思える何かを見ているのかもしれない。

ノボルさんが生きてきた道は、わたしが経験した道ではなかった。ノボルさんにはノボルさんの世界があった。「あんたも一度は入っておいたほうが良いよ」とノボルさんは刑務所でのあれこれを教えてくれた。たぶんハッタリも含まれていたとは思う。とりあえず、入ったことも、入る気もないが、わたしは彼が語る見たことのない世界に引き込まれていった。彼が振り回し、常識外の行動をとる度に、わたしと彼が違う世界を生きてきており、今二つの世界が出会っているということを実感するようになり、こじんまりと車いすに座り、杖を振り回しながら話すノボルさんのシルエットにわたしは静かな敬意を抱いた。彼が必死に生きてきたことに対する、その生に対する敬意だ。

●他者の世界をうけいれる勇気のみなもと

人間は幼少期の愛着形成を経て、他者を信頼できるものとして認識する。安心して逃げ込める場所があって初めて冒険に出る勇気がわくのだ。わたしの冒険には、この勇気が必要だった。わたしの勇気を支えていたもの、それは、三つの受容の経験だった。

わたしは、幼少期を何不自由なく過ごさせてもらっている。両親がきちんと愛情を注いでくれていたという実感がある。いろいろなことを経験させてくれ、いろいろなものを食べさせてくれ、かわいいかわいいと言って育ててくれた。ノボルさんやニコちゃんが生きるために壮絶な闘いをしてきた時期、わたしは「体に良い温かい食事」を作ってもらえ、手編みのセーターを着て、幼稚園や学校に通っていた。彼らの経験を聴くと、なんだかそれ自体後ろめたさのようなものも感じるが、きちんと「受容されていた」という経験がある。そして、おそらく、愛着形成時期の経験として、その後の人生に確実に影響を及ぼしている。

しかし、人間社会で長く生活していると、自信を揺らがせるようなことがいくつも起こってくる。わたしの場合は身体的な不調で物事がうまく進められなくなった時に、自己肯定感が顕著に低下した。もちろん、そこから復活する気になったり、復活できたことに幼少期の経験はおおいに関係しているものの、とにかく不調期のわたしはいつもわたしよりも「弱い人」を探していたように思う。こうやって書くことにためらいを覚えるが、わたしはわたしを保つために、「弱い人」を必要としていた。そんなところだと思う。なんて失礼な話なんだろうか。

そんな矢先、わたしは「弱い人」と思っていた障害者が「弱くない」ということを肌で知った。障害者運動のアルバイトでである。ガンガン主張をし、主張をするための企画をする当事者を見て、なんだかポカンとしてしまったのだ。そんな中で、わたしは事務員としては非常に重宝がられた。山岸さんに頼めば大丈夫、山岸さんならどこでも通用するよ、という言葉が少しずつわたしの自信を回復させていってくれた。こうやって人は、自信を回復し、自我を安定させていくのか、と後から振り返るとそう思う。

体調も安定してきて、何もできない人からどこでも通用する人へ。実際にどこでも通用するかと言えばそんなことはないのだろうけれど、わたしが新しい挑戦（転職）をする礎になってはいたと思う。そんな折、子供が生まれた。

子供はわたしについてまわった。ほとんどの子がそうであるように、全力で命をぶつけてきた。ときにしんどかったが、その全力さにわたしは徐々に「自身の存在意義」そのものにこだわらなくなっていった。厳密に言えば、幼少子育て期の目まぐるしいありように、存在意義自体を問う余裕がなかったということとも関係しているかもしれない。

そんな風にして、「冒険したいわたし」が出来上がっている。わたしはわたしを安定させるために、わたしよりも弱い他者を必要とするという若かりし時代とは異なり、わたしと彼らがいる、という土俵にようやく立てたのだ。わたしは彼らの世界に顔を出す。彼らの世界で物事を見てみる。一七時を過ぎて、仕事を終えて、またわたしの世界に戻ってくる。わたしの世界がきちんとあって、初めて、彼らの世界を冒険する余裕が生まれてきた、ともいえるのかもしれない。帰ってこられる安心した場所があっての冒険なのだ。

●わたしを魅了した「困難ケース」と言われる人びと

とにかく、わたしは、他者の世界で見えていることを、面白いと感じ、その差異が如実に現れるケースほど、はまっていった。ここでまた坂下課長の一言である。「あなたはあれだね。難しいケースほど楽しそうだね。変態だね」と。

「難しい」というケースを難しいと感じたことはない。ただ、通常の対応では対応しきれないということを多々経験した。時間がかかるとか、エネルギーを使うということはあるが、それは困難とは違う。こう投げたらこう帰ってくるという予測が全く立たない人たち。別に彼は「困難」でもなんでもない。わたしたちの枠に入れようとするから「困難に見える」ただ、それだけのことだ。わたしは振り回されることが楽しく、驚くことが楽しく、予想外の対応を迫られるのが楽しかった。確かに変態かもしれない。彫り物を見せてくる人は比較的多かったが、お尻に入った入れ墨まで見せてくる人。なけなしの二万円でフェレットを買ってしまった人、「キムタク」を名乗る人、突然出家してどこかに行ってしまった人、保護の申請をしに来たのに、「親切にしてくれたから」と金一封をくれようとした人、河原にいたころのほうが元気だったと言い残し、アパートを捨てた人、「不細工な猫」と共依存状態だった老人。

みんな自由に勝手に、彼らの「最善」を尽くす。それは合理的ではなく、真面目には見えず、正しいようにも見えない。それでもわたしは彼らが必死で「最善を尽くしている」ように見えた。なぜ最善を尽くす行動が、フェレットなのかとかは今一つ分からないけれども、必死に「生きよう」としていることは受けとれた。わたしはその「生きる」力がみられるのが楽しかった。

真面目な人は怒るかもしれない。彼らのような行動を是正せよ、指導せよというかもしれない。甘やかすなというかもしれない。しかし思うのだ。「生きることを保障するのはこういうことだ」と。命を守るために、何か条件を付けられるのであれば、それは生の肯定とは言いにくい。命は本来、無条件に肯定されるべきもの、という信念が、わたしの中にはあった。

わたしは確実に障害者運動でのアルバイトの影響を受けている。ありのままの命の肯定。多くの人が、生活保護の相談というと、非常に申し訳なさそうに相談に訪れる。わずかな年金、かかる医療費、おかみの世話になるなんて申し訳ないと涙し、でもどこかで安堵もする。そんな相談はこちらもとてもつらい。「常識的」であればあるほど、彼らは追い詰められていくように思う。わたしたちの社会は、実体のない常識、飯も食わしてくれない「常識」というお化けみたいなものに、ずいぶんと支配されているようだ。だから、わたしは、そのお化けみたいなところからちょっと離れたところで生の闘いをしている「ぶっとんだ」彼らが大好きなのかもしれない。椎名林檎だって歌っているじゃないか。価値は命にしたがってついている、と。

この思想をわたしは七〇年代の障害者運動から学んだ。脳性麻痺の当事者団体である「青い芝の会」の人たちがかつて言ったことが、この現場に来てからズシンと響いている。ありのままを肯定する、ということ。「健常者に近づくことと引き換えに福祉を受ける」という思想からの脱却。自分たちは自分たちの存在のままで肯定されたいという思い。人は生まれながらにして、環境差もあり、能力差もある。

わたしが軽々とできることをできない人はたくさんいる。生きるだけで精一杯という人がいることも確かなのだ。

とにもかくにも、わたしは自分のホームを持ち、冒険する勇気と意思をもって冒険に出かけた。そうして、彼らの「素の命」を見せつけられたのだ。カウンター越し、机越しに感じる、「命」。そして、その「世界」。そうか。出会うということはこういうことなのか。とすとんと落ちていった。ときには、言葉を全く話せない人もいた。認知症や健忘症で何もかも思い出せない人もいた。かと思えば、七〇年も昔のことを語りだす人もいた。過去があって今があって未来がある。成育歴を聞くというのは、聞くことが大事だからではない。彼らの世界を知る一番の近道だからだ。その人が今持っている世界、にきちんと触れることができるなら、きちんと出会うことができるのなら、特段成育歴を聞かなくても何とかなるように思う。

第4章

わたしと当事者性

●わたしがもっていた当事者性

わたしは、わたしが持ついくつかの当事者性を入り口として、他者の世界への接触を図っていくようになった。わたしが対象者のことを知らないのと同様に対象者はわたしのことを知らない。得体のしれない人物と相対するとき、警戒するのは当然のことだ。そんなとき、わたしの持つ当事者性は部分的に役に立った。大学時代に経験したままならぬ身体という経験やそれに付随する絶望感や閉塞感、専門職への不信感など、いくつかの当事者性に起因する感覚をすでに有していた。さらに言うと、わたしの当事者性はもういくつかある。その一つのが、高学歴ワーキングプア問題だ。高学歴ワーキングプアという言葉が生み出された当時、わたしは大学の非常勤講師もやっていた。今もやっている。いつかは大学にみたいなことを考えており、仕事をしながら、就職活動もチクチクとやってきていた。しかし、これがなかなか難しい。特段優れた業績があるわけではないので、なおさら難しい。大学の応募は、労力とお金を必要とする。業績のコピーを三点以上、数部コピー。共著や共訳の場合は、該当の部分をコピー。当時、職場から駅、駅から学童を小走りで移動し、学童からは腹をすかせた子を連れて帰るわけなので、このコピーという作業がとても重かった。しかもコンビニのコピー機は、ルーターがついていない。全部揃ったら、基本は書留で送付。今度は郵便局に行かなければならない。お昼休みに何度も郵便局に走った記憶がある。

そうしてようやく必要書類を送るわけだが、返事がいつかということについて、つまり選考のプロセスについては不透明な大学が多く、半年後ぐらいに不採用通知がくることもあった。それでもわたしはしばらくは大学への就職をあきらめきれずにいた。ほかに就職してしまえば、ほぼ兼業ができない。そうなると、せっかく続けてきている非常勤講師の仕事を失ってしまうことになる。

わたしの中に、「冒険で得たもの」の蓄積が多くになるにしたがって、アウトプットへの欲求が高まっていた。ただし、朝は六時に起床。ご飯支度や準備を終えて、七時半に出勤。一七時すぎまで仕事。お迎えだなんだで一八時半から一九時帰宅。その後飯の支度、風呂の準備、洗濯等々を終わらせると、二三時を過ぎており、自身が風呂に入って寝るので精いっぱいの生活になった。アウトプットの時間が取れない。休日は、掃除や買い出し、子の相手、非常勤講師の準備と体力回復にすべてをささげた。大学の場だからといって研究に専念できるわけではないということは承知だが、それでも九時一七時の間絶対にアウトプットができない働き方よりは、アウトプットに時間がさけるのではないかと思った。そして、インプットしたことをもう少しきちんとかみ砕くために書物を必要としていたが、専門書は高額で、図書館も市民図書館以外は遠くていけない。必要な書物にアクセスできるということだけでも、大学は魅力的だった。

ちなみに、今はもう少しハードな生活になっているにもかかわらずこうやって、書けている。そして、登山をしたり、マラソンをしたりという時間まで取れている。気持ちの余裕というのはここまでも生活をらせん状に向上させるのかと驚くばかりだ。逆に気持ちの余裕がないときにはらせん状に落ちていくということだ。アリジゴクのように。

ということでわたしはアリジゴクの中で、大学への道を模索していた。一方で、非常勤の労働を二つないし三つという働き方に限界を感じ始めていた。そんなある年のクリスマスのころ。ブラックサンタが舞い降りた。非常勤講師のうちの一つが、「雇止め」になってしまったのだ。正確にはいわゆる「雇止め」だったのかどうかもよくわからない。来年度から常勤の先生が担当するからもう大丈夫的なメールが来て、それでおしまい。一応名誉のために言っておくが、学生アンケートによる満足度はそれなりに高かった。当時、わたしはやっていた仕事の仕方は、単年度契約。次年度がある保障などどこにもなかった。

この時の精神的なダメージは、計り知れないものだった。生活保護の相談に訪れる人から、良く聞く話ではあり、「さぞ悔しいだろうな」と想像もしていたが、「さぞ」のレベルが違う。折しも街はクリスマスモード一色。キラキラと輝くネオン。赤と緑が多用された広告。料理、ケーキ。わたしの中に宿るクリスマスのわくわくした過去の情景、今の街。そして、手元にある失職のメール。コントラストのようで、自身の身の置き場がないというか、キラキラとモノトーンの乖離の中に自身が取り残されてしまったような感覚。社会から必要とされていない感じ。グーっとおなかの底のほうで、腸を絞られているようなそんな苦痛。この感覚が、「電車に飛び込む」「無差別殺人を犯す」とそう遠くないことを実感したが、一線を画するものは確かにあった。ただし、その一線はわたしの努力で引けたものではないということも感じた。その時に、いくら楽しい現場でも、いつまでもこのままではいけない、転職しよう。そう決心したのだった。

転職活動は二年に渡った。当時の職場が楽しかったので、今振り返ってみると本気度が低かったのかもしれないが、そもそも三五歳目前にして、「正社員」のハードルは非常に高かった。しかも職歴は非常勤しかなかった。「せめて、お子さんが中学生になってからのほうがいいんじゃないですか」と言われることもあったし、「泊まり勤務の時のお子さんの預け先はありますか」と聞かれることも多々あった。「落ち着きのない働き方」と言われたのもこのころだ。三〇社以上受けて、内定は二社。うち一社は辞退し、現在の職場に拾われた。たまたまではあるが、今の職場で兼業が一部認められているため、現場も非常勤講師を続けることができている。こうしてわたしは身体の当事者性に振り回された二〇代、仕事の当事者性に振り回された三〇代を過ごした。不思議なことに契機となる出来事は厄年付近で起こっている。以降、厄払いは欠かしていない。

●当事者性とポジショニング

人はみな何らかの当事者性を有している。加害者、傍観者という意味で当事者であることもある。被害的な立場としての当事者性であっても、そこから脱すると、加害の当事者になったりもする。わたしは割と、明確な当事者性をもって、それなりにつらい思いや悔しい思いをしてきた。ここに書いていないことでしんどかったこともある。その時に感じた強烈な感情やかけられてつらかった言葉のストックがある。それが、支援に生きている感じはする。他者の世界に出会うためのとっかかりとして。

ただ、感情については少しずつ薄らいできている感覚もある。わたしは、当事者性を有していたころのわたしが置かれていた状況に似た状況に置かれている人の気持ちの細部について、昔ほど敏感になれないだろう。アリジゴクを抜けたものは、アリジゴクの渦中にいる人に手を差し伸べていても、その手にどうやったら捕まってもらえるのか、熟慮しなければいけないと思っている。ロールモデルになることもあろうが、それは渦中の人の状態による。ただの嫌味にとらえられることもある。「わたしも昔はお金で苦労してね」という声かけが、「いやいや、でもあんた今潤ってますやん」ととらえられることもある。当事者性は足かせになることもある。例えば、DVを受けてきた女性に、同じくDVを受けてきた姑さんが理解を示してくれることがある。でも、そこには決定的な違いがあることがままある。「DVから抜け出した女性」と「耐え続けた女性」というたった一つの点で、味方である姑さんが敵となることがよくあるのだ。脱しているか／いないかというのは、断絶や衝突をうむには十分なのだ。当事者ではなく、元当事者であることは、「すでに状況改善している」という一点において、特殊な感情を生み出してしまうこともある。

かといって、渦中にいながら人を救うことも容易なことではない。つらいね、わかるよ、とあっという間に、そろって渦に巻き込まれていってしまうこともある。渦中にいながら、一緒に上を目指すという方法もあるが、より動けるほうに相当の負担がかかる。人を助けるのは容易なことではないと心から思う。

福祉は、いつもその立ち位置が問われる仕事だと思う。わたしはどの立場からどのような言葉をかけるのか。ポジション取り。そして自己覚知。わたしは、当事者性をまといながら、わたしは自らが紡ぎだす一言に、社会的な役割（仕事としての役割）、自分という存在、相手との距離、を意識するようになった。言葉は、人を殺すこともできる。命に向き合う機会が多い仕事だからこそ、たった一言が死を招くこともある。自身が何者であるか。実はそれがとても大事なことで、だからこそわたしはこの文章を「わたし」目線で書いているのだ。

信頼関係、ラポール形成ということが福祉ではよく言われる。「まず利用者さんと信頼関係を構築して」という言葉はどこかしこで聞く。わたしはこの言葉があまり好きではない。わたしが渦中にいたとき、信頼に対する恐怖があったからだ。そもそも人はそんなに簡単に信頼などできない。ましてや自身が初めてあった相談員を信頼するというのは困難なことだ。仕事としてかかわっているからある一定の質の担保はあったとしても、いつ傷つけられるかわからない。ただでさえ弱っているのに、傷つけられたら這い上がれない。信頼しないのは防衛の一つでもある。そして、仕事としてわたしに接してくれる相談員のことをわたしは「そういう仕事をしている人」ということと、見た目でわかること以外知らないのに、こちらのかなりデリケートな話までしていくということは、通行人を信頼するのとおなじくらい難しい。

そこには人に対する絶対的な信頼感がまずは必要になる。子が小さかったころに、子育て系の相談電話を使ったことがあるが、幾度となく傷ついた記憶がある。こういう経験を二回以上しただけで、「人を信頼すると痛い目にあう」という学習行動が働く。それでもなお、人を信頼できるか、部分的にでも信頼できるかというのはまた「愛着形成」の話に戻ってくるのだ。ただこういった経験から信頼関係がさほど容易なものではない、ということがあっさりと腹の中に落ちていった。だから、信頼関係が築けたと支援者が感じているとき、それが信頼関係であるのか対象者が合わせてくれているだけなのか、の問い直しは必須であると思っている。

わたしが発する言葉が、相手に届くとき、それがどのように伝えるか。それは、先ほども書いたような相手の世界の存在を前提とすることなしには、うまくいかないことがある。わかったつもりでいて、わかっていないとか、わかっていたのに微妙にずれていくとか、いろいろな「ずれ」が生じることがある。だからわたしは、相手の世界についてわからないときにわからないという。わたしの世界はこうですが、あなたの世界はどうですか、と尋ねる。それが礼儀のようにも思う。しゃべってもらうため、話をしやすくなるために自己開示をするというのと同じであり同じでない。わたしにとって、上記のような尋ねかたは、人の世界に入っていくときの礼儀のようなものだ。結果、話しやすくなるかもしれないししゃべってくれるということは確かにその通りだが小手先のテクニックではなくて、人としての礼儀だと思っている。

こうして、わたしはいくつかの当事者性をまとい、自身の存在を認め、自身の立ち位置を考えながら、支援をしてきた。しつこいようだが、これには自身に対する受容の感覚、未知なるものへの冒険心の基盤となっている幼少期の体験、「常識」や「価値規範」から逃れようとした中学の体験、そしてそれに言葉が与えられた社会学という知識、いくつかの当事者性、この一連のことを体現するかのように活動していた障害者運動というベースがあり、そこに、お客さんの「いろいろな世界」が立ち現れてきたことで、得てきた支援スタイルである。お客さんがいろいろと教えてくれたし、教えてもらったことを受け取る基盤があったということだ。もちろんわたしと同じ経験をしている人など早々いないし、精神面も含めていろいろな差異がある。対象者がそうであるように、支援者もまた多様な存在である。

だからわたしは後輩たちに支援を語るときに、わたしと同じような支援を求めてはいない。根底の部分が全く違うのだ。声の高さ、顔つき、体形など見た目に始まり、物の見方、経験、立ち位置、どれをとっても同じ人はいない。支援の仕事は、自身に立脚する仕事だと思う。自身を知り、他者との距離を測り、自身と他者が世界を共有するポイントを探るという点で、わたしと対象者の出会いポイントは、コスギ君と対象者との出会いポイントと全く違う。アプローチも違うはずだ。どちらがどのくらい歩み寄るかも違うはずだ。

第5章

わたし、かかわる

最近の若い人に、ラジオのチューニングみたいなね、と話しても何スカそれという顔をされる。でも、わたしがどうやって相談を受けているかというとチューニングをしながら受けている、と答えている。昔のラジオは、自動でチューニングをしてくれなかったので、ラジオについているつまみを微妙に動かしながら聞こえるポイントを探したものだ。オーケストラのチューニングも同じ。オーボエのAの音を起点として、コンサートマスター／ミストレスがチューニングをする。そのあと一斉に色々な楽器が、音を微妙に合わせていく。こういった作業がチューニングだ。昔のラジオとオーケストラ、どちらも経験していたわたしは、自身の面接時での感覚をチューニングと同じだと感じるようになった。チューニングをすれば、聞こえてくる、音が豊かになる、不協和音が生まれない。ここで、ユミさんという女性の生活困窮の相談の話をしよう。わたしが何を感じ、何を考え、ユミさんの言葉を「聴いた」のか。

●場をつくる

ユミさんは小柄な女性だ。三五歳、四歳の子をもつ母だ。髪はボサボサ。子供であるショウタくんがわたしを見て、この人誰ー？　と騒ぐ。相談はここからがスタートだ。

わたし　：「こんにちは。今日相談を受けます山岸です」
ユミさん：「あ、はい、どうも。あー。ほらほら、さーわらないっ!!」
わたし　：「お子さんお元気でかわいらしいですね。ねぇ、おばちゃん塗り絵持ってるけどやる？」

塗り絵はわたしの小道具だ。この時、わたしはユミさんの「いっぱいいっぱい感」を肌で感じていた。ユミさんが特段大変な状況だからというわけではなく、多くの母親がそうであるように、あっちこっちに気を配りながら、声も遮られながら、なすべきことをなすというのは容易なことではない。いっぱいいっぱいいなかに、「相談室の朱肉で遊んではいけない」というユミさんの一生懸命のしつけが伝わった。母にとって大事なのは、まず「集中できる空間」だった。ショウタくんの人となりがわからないので、まずは塗り絵から。

ショウタくん：「やるー。おばちゃんありがと」
ユミさん：「おばちゃんじゃないよ、お姉さんだよ」
わたし　：「いいのいいの。なんならおばあちゃんでも」
ユミさん：「え？」
わたし　「いえいえ。もう、ね。ショウタくんいい子だね。じゃあおばちゃん、お母さんとお話するから、うまく塗れたらまた見せてね」
ユミさん：「ありがとうございます。怖い人じゃなくて良かった。また怒られたらどうしようかって」
わたし　：「怒られる？」
ユミさん：「お母さんもっとしっかりしなさいって言われたことがあって、それ以来相談とか苦手で」

これは、本当によく聞く話だ。相談を受ける側が良かれと思ってかける励ましの言葉が、実は重く、深く、傷つけるということがある。相手がどのくらい弱っているか、相手がその言葉をどう受け取ってくれるかということを、相手の世界で考えられるようになるまで、発してはいけない言葉なのかもしれない。これは、わたしの「母としての当事者性」の感覚的なものだったが、ユミさんは励ましの言葉を励ましととらえることができない程度には弱っているということだ。そして「怒られた」という感情の中には、「良い状態」と「できない自分」と「努力している自分」が混在する。良い状態になるべく努力しているのにできない自分というのをユミさんから感じたところで、言葉を投げてみる。

わたし　：「しっかりしなさいって言われちゃうと、凹みますよね」
ユミさん：「そう、まじ凹んだし、目に前が真っ暗になったよね。誰もわかってくれないと思ったし、消えたくなりました。相談員さん、お子さんは？」
わたし　：「いますよ～。あと実はわたしも怒られてへこんだことがあるんです」

嘘ではない。かつて何回か「しっかりしなきゃ」とか「お母さんが頑張らないと」と「怒られて」いた。きっとあの時の相談員さんは、怒られたと思っているとは想像もしていないだろうなと思う。しかし、あの時に絶望的な気持ちは忘れることはできない。しっかりするしかない状況だったが、「正論」は時に暴力となる。

ユミさん：「良かった〜。目の前真っ暗にもなったけど、腹もたったんだよね。お前に何がわかる、みたいな」

わたし　：「そうですね〜知らないくせに、ってなりますよね。ユミさん、でもわたしも今ユミさんのことを知らないんですよね。ここに来たということは困っているということだと思うので、いろいろとお聞かせいただいても良いですか？」

わたしはユミさんのことを知らないということを先に伝えた。「知らないくせに」という感情がある以上は、「知らない」というところから始めなければいけないと思うし、実際何も知らないのだから、それが誠実な在り方であると感じたのだ。

ユミさん：「はい。でもわたし、あたま悪いからうまく話せないかも」

わたし　：「構いませんよ。わからなかったら、わからないと伝えますし、ユミさんもわたしの説明でわからないことがあったらわからないと言ってくださいね。あと、ユミさん、とても丁寧にお話してくださいますが、そんなにかしこまらなくても大丈夫ですよ」
ユミさん：「はい」
わたし　：「今ユミさんが一番困っていることは何ですか？」
ユミさん：「お金がないんです」
わたし　：「お金……生活費ですか？」
ユミさん：「はい。実は今朝炊いたお米が最後のお米でした」

ショウタくんが割り込む

ショウタくん：「ママお米ないのー？　じゃあホットケーキがいい!!」

無邪気に要求する子供に、ユミさんの顔が歪む。子供が無邪気に要求できる、ということは、ユミさん自身が、食料が尽きていたことを明かさなかったということではないか、と思いユミさんを見ると、泣き出しそうな顔をしている。ユミさんが大事にしているものが一つ見えた気がした。わたしはショウタ君に向かってこう質問した。今ユミさんに話しかけると泣きだしてしまうと思ったからだ。

わたし　　　：「ショウタ君、ホットケーキ好きなの？」
ショウタくん：「好きー。ママが焼いてくれるのー。あのね、あのね、でも、アイちゃんが焼いてくれたのは嫌い。まずいから。ママのホットケーキ食べたいー。たーべーたーいー」

実に「子供らしい」表現だ。「アイちゃん」の存在は気になるところだが、なにやら不穏な空気もあり、こんな小さい子に説明をさせるわけにはいかない事情なような気がしていた。

わたし：「そうか〜。ママのホットケーキ最高か」

ショウタくん：「うん」

わたし：「じゃあおばちゃんさ、ママとホットケーキ作戦立てるからさ、ショウタ君、相談室の外のお兄さんと探検出ておいで」

四歳の男の子が一緒ということで、わたしは相談員仲間のミッツン二八歳に、もたなくなったら子守よろしくとお願いしていた。わたしはさっき感じた「ユミさんが大事にしていること」を守らなければと思い、ショウタ君を相談室の外に出すことにしたのだ。ユミさんが一生懸命悟られないようにしてきたことを、今ここで母の涙を見せる形でショウタ君に見せることはできないと感じた。一方で、ユミさんがその感情も含めて自由に表現できる場を保障しなければと思った。

ショウタくん：「わかったー。ねぇおばちゃん、お兄さんってこの人？　これおじさんだよ」

子供は素直で遠慮がない。それが子供というもので、そこから少しずつしつけや対人関係を通じて成長する。

わたし　：「そうか。そうかもね。もういっそおじいちゃんって呼んでもいいよ」

ミッツン：「ひどいですよー。僕まだぴちぴちですよ～。まあ、いいか。ほーれおじいちゃんだよおう」

ミッツン、ええやつよのう、と思いながら、手を引かれていくショウタくんを見た。そう。四歳のショウタくんにとって、大人が気をつかって「お姉さん」と呼ぶ相手は紛れもない「おばさん」だったりするし、お兄さんもおじさんもおじいちゃんも大人とは違うように見えている。子供は先のことを想像する力が弱い。だから、全力で遊び、力尽きて寝て、親の背中で運ばれるのだ。そんな子供にとって嫌なことというのは、世界が絶望でおおわれるようなことなのだと思う。お菓子を買ってもらえないとか、もっと遊んでいたいとか、そういうことで絶望感を感じるのは、いずれはいろいろと払拭されていく。でも母が泣いているということから感じる思いや食べるものがないという絶望感を今ここで感じさせる必要など何もない。

わたし　：「失礼しました。職員が面倒みていますので、安心してくださいね。ショウタ君、いい子に育ってますね、ユミさん、随分と頑張ってこられたんじゃないですか？」

ユミさんはそこで咽び泣き始めた。おそらく、ホットケーキのくだりのころから、ずっとこらえていたのだろう。しばらく見守り、呼吸が落ち着くのを待った。

●ユミさんの世界をひきだす

ユミさん：「ごめんなさい。わたし、親が貧乏で、お前の教材費のせいで酒が買えなかったと言われたり、大きなため息をつかれたりしてきたし、お金がなくて泣いている母の姿を見てきたので、ああはなりたくない、と思って、ショウタにはお金の心配をさせないようにしてきたんです。だから、ワガママ言われるとイライラしちゃって」

わたし　：「そんなことがあったんですね。お金ないってほんと精神的に余裕がなくなりますからね。イライラするのはユミさんが弱いからでもなんでもないですよ。むしろ、ショウタ君、あんなに無邪気にホットケーキって言っているのを見て、一生懸命悟られまいとしてこられたんだなと思いました。わたしだったら直接お金ないからダメ、とか言ってしまいそう。すごいと思いますよ」

ユミさん：「貧乏な実家を抜け出して商社マンの夫と結婚した時は、やっと貧乏生活からぬけられる、とホッとしました。夫は年収は多分一千万は超えていますが、わたしにお金を使うのはもったいないというのが口癖で毎月食費雑費の三万円を渡され、これでなんとかしろ、と言ってきました。正直、ショウタのオムツとかもあったし、足りなくて。早くオムツ取れて欲しいと思ってその時はかなりイライラしました。わたしやりくりが下手なんです」

わたし…「んー。でも、日本の三人世帯の食費の平均って六万七〇〇〇円くらいだったかなと思うんですよね。もちろん、すごくかけているおうちもあるから、実際多くのおうちはそんなにかかっていないんでしょうけれど。感覚としては、東京で、三人世帯で雑費込みなら、赤字になって当然の額だと思いますよ」

わたしは、あえて統計データを提示してみた。この仕事をしていると、何にどのくらいかかっているのかの自身の感覚と統計データくらいはストックしておく必要がある。お金のかけ方は人によってかなり違う。主婦雑誌では「食費三人で月二万円」などの見出しをよく見かけるが、実家から米が送られてきているという前提条件の違い、そもそもの食べる量の違い、地域の違い、そして忙しさの違いもあり、真に受けられない。わたし自身は、服や装飾品に全く興味がないのと、自身の母からの影響で、身体に良いものを好んでいるので、食費は若干高いほうかもしれない。三万など絶対に無理だ。お金の使い方については支援者側の価値観が出やすい部分でもあるので、あえて統計データを出したのだ。ほかにも電気代の平均や家賃の平均など、いくつかのざっくりとした平均値を頭に入れておいて、「かかりすぎか」「ごく普通か」の認識に歪みが出ないようにしておく必要がある。そのうえで、目の前の人が何を大事にしながらお金を使っているのかということを聴く必要がある。

わたしが好きな言葉で、「節約はブルジョワのお遊び」という言葉がある。ツイッターで出回った言葉だが、全くその通りで、節約をするには初期費用と暇と気力が必要になる。貧困というのは、そのすべてをもぎ取ってしまうのだ。平均は六万超え、雑誌に載るレベルだと二万円、わたしは五万くらいという三つの数字、それにユミさんが今置かれた状況や子への手のかかり具合、そういったことも加味すると、とても三万円で賄うというのは無理だと思われた。まずはこの呪縛を解きたい。そして、その呪縛があるということは、背景に夫からの経済的な暴力があるのではないかと感じ始めていた。

ユミさん：「そうなんですか？」
わたし　：「そうですねえ。足りないと思いますよ。わたし切り詰めていた時でも、三万じゃ無理だったな。足りない時はどうされてたんですか」
ユミさん：「何回かもう少し生活費が欲しいと言ってみたんですけどダメでした」

ユミさんはちょっとだけ黙って続きを話し始めた。

ユミさん：「お前みたいな馬鹿で無知な女、飼ってやってるだけで赤字なんだぞって」
わたし　：「それは傷つきますね……」
ユミさん：「でも、わたし馬鹿だし、学歴ないし、わたしが悪いんだと思って。ホットケーキは小麦粉とかがあればなんとかできるし、小さい頃から作ってきたから、なるべく朝昼はホットケーキでしのいで。三万円でも、確実に毎月もらえるから……」

わたしは、このユミさんがうけた惨めな仕打ちに、腹が立った。
わたし　：「なんだか、お話聞いていてご主人に腹がたってきちゃいました」
ユミさん：「でもわたしさえ我慢すれば、と思って。働こうとも思ったんですけど、ショウタもいるし、それに夫からは、お前なんか社会に出て通用するはずがないと言われ続けて。だから俺が飼ってやっているんだって」
わたし　：「嫌なこと聞いちゃって申し訳ないんだけれど、ご主人、暴力とかは？」
ユミさん：「あ、それはないです。だからただのわたしのわがままかなって」

ユミさんが言われていることそのものがすでに暴力だ。典型的な心理的、経済的ＤＶだ。身体的な暴力同様に与えるダメージは大きい。実際にユミさんはすでに、自分の努力が足りていなかったという気持ちになっているように思えたし、自分は頭が悪い、何もできないと思っているように感じられた。どれほど屈辱的な過程を経てきてユミさんは今の心境に至ったのだろうかと胸が痛んだ。そして、それでもなお、受けた屈辱を何とか子供に向けずに踏ん張っていること。そういう中に今のユミさんがいるということ。そして、そこから手を伸ばしているということ。そういったことがヒシヒシと感じられた。それでも、身体的な暴力がないということが支援者にとっても若干の救いでもある。追及の恐れや、身体的な暴力による命の危険が少ないからである。ただし、心は乾燥し、アカギレのような状態であることは推測できる。「わたしのわがまま」ととらえるのは、典型的なＤＶ被害者だ。その呪縛から本当の意味で解かれるには、長い道のりを要する。

●わたしの世界にひきずりこむ

わたし　：「うーん、わたしはあまりわがままだとは思いませんけどね。暴力って殴る蹴るだけじゃなくて、わたしには、ご主人の言葉が暴力的に聞こえます。ごめんなさいね、よそ様のご主人なのに」

わたしは、彼女の世界の中で「自分のわがままだ」ととらえている感覚について、わたしの世界に引きずりこむために「暴力」という言葉をあえて出すことにした。あなたがされていることは暴力そのものですよ、と。社会一般の「常識」ではなく、福祉の「知識」でもなく、「わたしの世界」に引きずり込むために。だから、その時の「わたしの世界」は正義に近くなければならず、正しさを求めなければならない。少なくとも、対象者が抱える困りごとについて、誤った知識にもとづく解釈で構成されてはいけない。そのために、学問を積んできたのだと思う。エビデンスが重視されるが、エビデンスという名の知識もまた、自身の中に落とし込んで初めて有効なものとなる。吟味し、自身の中に落とし込み、体験と併せて醸成していく。こういった作業をしていたように思う。

ただし、「現象」をめぐる見方が「世界」により異なりすぎる場合、こちらの世界に寄せることは大きな軋轢を生むことも承知している。そんなはずはないと思いたい。認めたら世界が崩れてしまう、そんなことも感じるので、声色、言い回し、言葉の出し方には留意を払う。「わたしはそれ、暴力だと思います」と明確に毅然として言うことも、相手や状況によっては必要な一方、この時のユミさんの精神状態であるとか、置かれた状況であるとか、もともと持っているユミさんの能力の部分だとか、頑張り方であるとか、それがユミさんの世界でもあるのだけれども、彼女が頑張って守ってきた彼女の世界に決定的な起爆装置を置くほどのリスクが迫っているとは思えなかった。

ユミさん：「……実は、友達にも言われたことがあるんです。やっぱりそうなんですか？　なんだか認めるのが怖くて」

わたし　：「そうですよね。頑張ってきたのはなんだったんだろう、ってなっちゃいますよね。でも、大事なことは、ユミさんが理不尽なことでつらい思いをしているかしていないかということだと思うんです。子供がいて、雑費込みで三万円ってやっぱり理不尽かなって思うし、仮にどんな迷惑をかけていようが経済的に夫に頼っていようが、『飼っている』という言葉は理不尽だと思うし。つらかったんじゃないかなって思います」

ユミさん：「つらかったです。つらかったけれども努力が足りていないと思っていました。自分はバカだからしかたないって」

わたし　：「ああ、それぞれ。ユミさんご自身のこと頭が悪いとおっしゃっていますがどんなところからそんなふうに感じるんでしょう？」

ユミさん：「高校しか出ていないし、高校も別に頭が良い高校じゃないし。夫が仕事の愚痴を言っているのを聞くことがありますが、よくわからないし。それに父も、夫もお前は頭が悪いから、って」

わたし　：「んー。少なくとも、わたし、ここまでのお話で、ユミさんがおっしゃっていることが理解できないということはないんです。大変な中でもかなり理路整然とお話してくださるので、頭が悪いという感じは全然ないんですよ」

ユミさん：「そうですか？　良かった。子供のころは父が、今は夫が生活を支配しているような感じなんですよね。昔は友達もたくさんいましたが、結婚するにあたって、すべての友達と縁を切るように夫に言われたので、自分がどんな人間かわからないんです」

わたし　：「そうですか。ではわたしが太鼓判を押しましょう。頭が悪いとは思いません」

それはそうだ。夫と子供以外、接する機会を奪われていて、いわば密室の中で、いつも「お前はバカだ」と言われていれば、どんな賢い人でも、無能感にさいなまれる。実際、この日のユミさんの話の仕方からはＩＱの低さなどは到底感じられなかった。むしろ、状況に応じて、思考を変化させ、対応をしてきたこと、またそういった経緯を理路整然と話せるという点で、能力は高いほうであると思われた。こんなに理路整然と話ができる人はそうそういない。そう思った。だから、そのように本人に伝えた。これも、「わたし」の世界への少しのお誘いだ。

ユミさん：「ありがとうございます。初めてそんなこと言われました。え？　じゃあ、もしかして、わたしはバカだから仕方ないっていう前提自体がもう歪んでいたってことですかね」
わたし　：「そうかもしれません」
ユミさん：「マジか……」
わたし　：「あと、くどいようですけど、仮に頭が悪かったとしても、好き放題言われていいということにはならないですしね」
ユミさん：「そりゃそうですね。そーかー」
わたし　：「ん？　何か思い当たることでも」
ユミさん：「実は、生活に困るようになったきっかけがあるんです。今はもう夫と暮していません。アイツ（夫）何したと思います？　女連れ込んだんですよ。さっきショウタがちらっと話していたアイちゃんです。どこまで人を馬鹿にするんだろう、と思って、お腹の底から怒りが湧いて、出てけって叫ぼうと思ったら、主が先に、アイちゃん今日からここに住むからお前出てけって言ってきたんですよ。お前みたいな頭の悪い奴、何されても仕方ないだろうって。でも行く先なんかないから、数日間は主人とわたしたちとアイちゃんで生活して」

ユミさんには怒る力が残っている。自尊心をかけて、抵抗する力が残っている。そして、その力が今全面に出ようとしている。わたしは、ユミさんの中で、小さくてもしっかりとした鼓動があり、怒るエネルギーがあることを確認した。

わたし　：「それは地獄……」

ユミさん：「マジ地獄でしょ。とうとう実家に泣きついて、父は断固反対したんだけど、母が受け入れてくれたんだけど、帰ってみたらさぁ、お父もアイツ（夫）と同じことしてて、美香さんっていう女連れ込んでた。そのすがたにも嫌気がさしたけど、なによりもニコニコというかヘラヘラしながらその状況を受け入れて、というか無になってるお母に腹が立って情けなくなって、家を飛び出して妹んちに居候。ちなみにまだ離婚もできていません」

わたし　：「ごめんなさい、ちょっと驚きの連続でなんて声をかけたらよいか」

ユミさん：「いーのいーの。ちょっと面白いでしょ。こんな話人にしたこともないからわたしもちょっとすっきりしてきたし」

ユミさんの言葉が崩れてきた。本当の彼女が少しだけ見えた気がした。

わたし　：「ならいいですが。妹さんとこは快適でした？」

ユミさん：「快適。お母やお父のことよくわかってるし、あの子はお母みたいにはなりたくないっていって。早くに家を出て、看護師になったから。おねぇ、お金なら少し貸せるよって言ってたけど、なんかもう申し訳ないやら情けないやら」

わたし　：「いい妹さんですね。いい妹さんだからこそ、世話になるのが申し訳なくなってきた。ユミさん、あなたもいいお姉さんなんですね」

ユミさん：「妹が生まれたとき、とっても嬉しかったんだよね。妹はすっごいかわいい。今でもかわいいし、わたしが守ってあげたいくらいだけど。結局アパートを借りるために、五〇万ほど借りてしまって、もう顔向けができないというか……本当は借りたくなかったけど、カードもいろいろあれだしほかに方法もなくて」

わたし　：「今はそれでも良いと思いますよ。落ち着いてきたら、改めて向き合えば。小さなころにそんなにかわいがってきたのであれば、おそらくそうそう亀裂は入らないと思います。根拠はないですが。なんとなく経験上」

ユミさん：「ありがとうございます。そんな気がしてきました。根拠ないけど（笑）」

わたしは、カードのくだりが気になりだした。いくら乳児とは言え、雑費は三万円では賄えない。高校出てすぐに家を出て働き始めたユミさんに預貯金はそんなになかったように思えた。ユミさんの性格であれば、預貯金の不足分があれば、夫にもう少しということなく、預貯金で賄っていたのではと思う。

わたし　：「さっきおっしゃっていたカードって、クレジットカードのことですか？」

ユミさん：「……はい。恥ずかしいんですが、生活費が足りないときにはカードで賄っていました。わたしに年収はありませんが夫の年収が高いので、カード自体は作れたんです。でも一万円ほど赤字になるので、一万からスタートしていきました。返すあてがないし、来月こそは三万に抑えるぞと思っても結局、赤字になってしまって、自転車操業どころか膨らんでいって、ついに上限額の五〇万円まできてしまいました」

わたし　：「そうですか。今催促とかは来ていますか？」

ユミさん：「はい。来ています。本当は、妹に借りたお金をそちらに当てようかと思ったんですが、妹の生活を邪魔しているような気持ちが強くなって、アパートにあてました」

わたし　：「正しい選択だったと思いますよ。カード会社はどちらでしょう？」

ユミさん：「〇〇クレジットです」

わたし　：「一社だけですか？」

ユミさん：「はい。電柱に貼ってある審査なしの怪しいところに電話しようと思ったことは何回かありますが、そこはなんとか」

わたし　：「わかりました。じゃあ今はショウタ君と二人でアパートに？」

ユミさん：「はい。でも、仕事もないわたしに貸してくれた物件ってやっぱりちょっと訳ありみたいな人も多くて。暴力団風の人もいるし、なるべく早くお金をためて、転居したいなと思っています」

●ユミさんの力を引っぱり出す

ユミさんから、未来の希望の話を始めて聞けたので、わたしはそのままユミさんに未来語りをしてもらおうと思い、尋ねた。

わたし　：「今の生活費の窮地を抜けたら、どういう生活を送りたいですか？」

困っているときには、三歩先と三歩前しか見えない。わたしも困っていた時に、遠い未来のことなど見えなかった。遠い未来を描くと、そこに至る障壁が大きいほどぼんやりするしぼんやりすると怖いから、見ないようにする。未来を描くのはエネルギーがいることだ。ユミさんからもう少しエネルギーが失われていたら、イエスノーでこたえられる聞き方をするのだが、今のユミさんは、自由に語ったほうが良いように思えた。

ユミさん：「仕事をして、ショウタと二人でもう少しきちんとしたところで生活したい」
わたし　：「ありがとうございます。わかりました。それではそれを長期目標に置きましょう。そのために、プランを作りたいのですが、もう少しお話うかがってもよろしいですか？」
ユミさん：「はい。自分で考えると、あれもこれもやらなきゃってパニックになって、考えることが難しくなるので、助かります」
わたし　：「わかりました。先ほどお仕事、とおっしゃっていましたが、何かあてがあるとか活動しているとかありますか？」
ユミさん：「ないです。ただできる仕事があれば何でもします。でも夫がお前なんか社会の役に立つものかと言っていたせいか、何もできない気もしています」
わたし　：「そうですねぇ。頻繁に言われていると、自信もなくなりますよね。じゃあこう聞きましょうか。好きなことはありますか」
ユミさん：「料理は好きです。掃除は嫌い（笑）」
わたし　：「同じ同じ（笑）。あ、あと、ご主人がおっしゃっていた役に立たないというのは、能力的な事ですよね。わたしはそれは大丈夫って思っていますが、体調的なことは心配しています。どうでしょう？」
ユミさん：「身体はいたって元気です。でも、気持ちが落ち込んだり、不安になったりする事があります」
わたし　：「ですよね。小さなお子さんを育てるだけでも大変なのに。夜はよく眠れていますか？」
ユミさん：「あ、それは大丈夫です」
わたし　：「良かった。睡眠大事。あと、率直に聞きますが、死にたくなるようなことはありますか？　ご主人の言い方とか、アイちゃんの乱入とか、だいぶきつかったと思うので心配しています」
ユミさん：「正直言えば、ちょっとあります」
わたし　：「具体的に考えるほどですか？」
ユミさん：「あ、いや、それほどではなくて、消えたくなるというか放棄したくなるというか」
わたし　：「わかりました。似たような状況の女性の多くが、ユミさんと同じような気持ちになって

いますし、生活が安定していくまでは少しつらい状態が続くと思います。それを踏まえて
お仕事は……」
ユミさん：「仕事をしていたほうが気がまぎれるような気がします」
わたし　：「それはあるかもしれません。お仕事は今は探しておられます？」
ユミさん：「はい。フリーペーパーで。でもピンとこなくて。あと履歴書とかも書いたことないし」

ここまでの話で、わたしの中に、いくつかのリストが出来上がってきた。

○今日明日食べるものという意味での生活費
○来月分の家賃。その他もろもろの生活費
○ショウタ君の預け先
○仕事探し
○離婚意思の確認と必要に応じて手続き。それまでの間の婚姻費用の請求
○負債の整理
○メンタルケア
○ショウタ君のホットケーキ
○妹さんとの関係の維持

一つ一つがどれもエネルギーを要することだ。しかも、これらの優先順位をつけながら進めていかなければとたんに立ち行かなくなる。これを一人でやるのは過酷すぎる。

わたし　：「やらなければいけないことがたくさんで混乱しちゃいますよね」
ユミさん：「そうなの。何からやったらいいか考えているうちに、発狂しそうになる」
わたし　：「ひとつひとつやっていくしかないんだけれども、少しわたしのほうでお手伝いさせてもらってもよいですか？　整理をしたりするのは、お手伝いができるかなと思いますし、履歴書の書き方とか、そういうのもできるかなと思います。わたしができないことでも、制度ができることもあるし。そういうのを一度まとめさせてもらってもいいですか？」
ユミさん：「助かります。お願いします。でも生活保護は嫌です」
わたし　：「わかりました。でもどうしても、の時は、選択肢の一つです。ショウタくんもいますから、そこはユミさんの意に反してでも、勧めなければいけないときも出てくるかもしれません。というかすでに今『要保護』という状態になるかもしれないので、わたしがまず紹介しなければならないのは生活保護なんですが」
ユミさん：「見込みさえ立てば、妹にお願いできると思うんです。気持ち的にも。妹が最近心配してメールを送ってきてくれるんです。今夜は妹の家に食事に呼んでもらっています。そうやって食事に呼んでもらった後、必ず妹は、お米とパンと卵と野菜を持たせてくれます。買いすぎちゃったよって言って。だから、最初は、冷たくされると思ったから、今日でお米が終わりと言いましたが、実際はもう少し何とかなるかもしれません」

はじめの「どうにもならなそうな状況」はそこまででもなかった。でも嘘でもなかった。ユミさんは、お金そのものよりも、「先の見えない不安」や「改善の見込みを立てられない状況」に困っていたということになる。それでも、妹にも限界があるから、生活保護が嫌でなければ、生活保護の適用を勧めたいところでもあるし、命に係わるようなことがある前に、強く勧めなければならないことも出てくるかもしれない。とりあえず、わたしには今日いっぱいと明日の朝という執行猶予ができた。まずはやることは二つ。夫に婚姻費用請求のメールをすること、日銭を稼ぐこと。これがクリアできれば何とかなる。

こうして、インテイクを終えたわたしは、もらった情報を吟味した。なお、わたしは通常、相談時にメモを取らない。よほど細かい年金や収入の計算があるときはメモを取るが、基本は取らない。聞きながらメモを取るというのは実は難しい。どうしても書くことに意識が行くこともあるし、対象者の顔が見えなくなる。細かい情報、例えば、初めて聞く薬の名前とか、長ったらしい医療機関の名前とかについては「あ、ごめんなさい、ちょっとそれメモとります」と言ってからメモを取る。その間の一〇秒程度は待っていてもらうという形をとっている。

わたし、記憶については、相当なムラがある。「人」の世界に触れたときの、その人の人となりや、人となりを示すエピソード、その中にきちんと位置付けられている情報については記憶できる。ちょっと異常なほど記憶できるため、「歩くシステム」と呼ばれることすらあった。これは昔からそうだ。一方で、興味を持てないものと横文字については非常に弱い。ブランドもの、武将の名前など。特にブランドものについては、横文字が多いので、さっぱりわからない。だから、自分の苦手なことについてのみ、メモを取る。

メモをほとんどとることなく、ユミさんとの初回相談は終了した。終了時には、必ず次回の相談の約束をする。来なくなってしまうことがあるからだ。わたしはユミさんの手持ち金が少ないことから、明日の午前一〇時の来所を勧めた。万が一妹さんから食料をもらうことができなかった場合や生活保護に気持ちが傾いた場合にすぐに対応ができるような時間の設定だ。生活保護についての拒否感の根っこについても聞いてみたいところではあったが、もうすぐミッツンにも来客がある。ショウタ君もそろそろ飽きてきているだろう。この日の相談はこれで終了にした。

わたしはユミさんの世界に触れることに結構真剣に神経をすり減らした。取り込まれすぎず、取り込みすぎずのバランス感覚が大事なように思えた。わたしの中で母子のこういった相談が自身の精神に与える影響は比較的大きい。わたしは支援の中で、第一次的な資源として「自分」を道具として活用する。だから、道具としてのわたしは、摩耗する。相談室から出てくると、若手の職員はわたしの顔を見てこういった。「顔‼　顔ヤバいっすよ‼　消耗しまくりじゃないですか〜笑」。さあ、今日は早く帰って猫を撫でよう。そう思い、面接記録を書き、そそくさと退勤した。

第6章

彼女－わたし－社会

●チューニングする

次の日、ユミさんは約束の時間に現れた。わたしは、昨日のうちにまとめておいた「やることリスト」を持参して相談室に入る。追加でもう少し聞きたいこともある。ここからはユミさんの世界と、社会の間の折り合いをつけていくことが必要になる。その間に、わたし、が挟まれる。わたしが徹底的に道具になって、折り合いのポイントを探るのだ。

ユミさん：「おはようございます」

わたし　：「おはようございます。お時間通りに来ていただいてありがとうございます。助かります。お子さんがいるのに、わざわざ役所に呼び出すようでごめんなさいね」

ユミさん：「いいんです。近いし。それよりも、昨日ごめんなさい。ヘビーな話をしちゃって、わたしはすっきりしたけど、ドン引きしたかなと思って帰ってからちょっと凹みました。疲れますよね、あんな話」

わたし　…「心配してくださってありがとうございます。大丈夫ですよ。これがお仕事なんで」

相談員をやっていると、時に心配の声をかけてもらうことがある。「元気？」「ちょっとやせたんじゃないの？」「大変でしょう？」多くの人が、困窮を脱して、余裕ができたときに、初めてわたしの顔色を気にしてくれる。困窮しているという事態がいかに精神的な余裕をなくさせるかということがわかる。安定した生活がおくれるようになって、初めて現れてくる「もともとのその人」もあるということだ。ユミさんの場合は、能力的なものなのか、夫に気を遣う生活が長いせいなのか、切羽詰まっている中でも、気にかけてくれている。

ユミさんの世界にきちんとわたしが意識されたことの証だと思う一方で、今後のユミさんが少し心配にもなる。もっと自己中心的になって良い。もっと泣いて良い。もっと怒って良い。ユミさんがユミさんらしく、ショウタ君と生きていくために、もっと自由であって良い、とそう感じた。ゆくゆくは、そのあたりもユミさんが向き合わなければならないことになるのだろう、とわたしは思った。

わたしは、ユミさんとの会話、ユミさんのしぐさ、ユミさんがわたしの世界を受け取るその様子から、ユミさんの世界を描き始め、彼女の世界の中で、対話を試みる。あまりに歪んだり、辛そうなことについては、少しだけわたしの世界に引きずり込んでみる、そういう形で、彼女と対話をし、チューニングをした。その結果、彼女のニーズや、やるべきことが自然に浮かび上がってきた。同時に、わたしがかけるべき言葉もわたしの中に宿る。

●具体的な困難をとりあつかう

ただ、現実的なことでいえば、まずは何をおいても日銭だ。

日銭を得る方法。というかお金を得る方法はそれほど多くない。

稼ぐ
借りる
もらう
制度を使う

このくらいだろうか。現時点で年金に該当する障害があるわけでなく、母子世帯にもなっていない状態ではそもそも該当する制度がない。仮にあったとしても、制度を利用して給付を得るには、通常数か月単位の時間を要する。即時対応できるのは、ユミさんが拒否をしている生活保護のみだ。正直言ってわたしは、ユミさんには一度生活保護を利用してもらいたかった。いったん落ち着いて、いろいろなことを整理できる基盤を作ってから就労すればよいと思った。生活保護にかかれば、必要な医療も受けられる。債務の整理についてもとりあえずの費用負担なく進められる。しかし、彼女が現時点で拒否しているのであれば、もう少しほかの道を探っておいてもよいような気がしていた。

選択肢は①～③ということになる。わたしはユミさんとともに、一つ一つ検討することとした。稼ぐ、というのはショウタ君のことやユミさんの職歴のこともあり、いささかハードルが高い。②、③で何とかなるのであれば、それも良い。一方で、②については、すでにカードでの負債があること、そもそも借金を勧めること自体が問題であるため、選択肢としては社会福祉協議会の小口貸付もしくは、親族からの借用、積み立て型生命保険の貸付の三択になる。
わたしはユミさんに尋ねた。

わたし　：「ユミさん、生命保険とか入っています？」
ユミさん：「・……」
わたし　：「？」
ゆみさん：「学資保険が……あと○○共済」
わたし　：「もしかして、生活保護の申請をためらっているのはそのためですか？」
ゆみさん：「はい……生命保険や学資保険に入っていると保護を受けられないか解約させられると聞いたので」
わたし　：「そうでしたか。すみません、昨日のうちにお伝えすべきでしたね。まずは○○共済ですが、これは積み立てでなく、解約返戻金も生じないタイプで、かつ保険料も低額であることから、解約しなくて済む可能性が高いです。もちろん、最終的な判断は担当のケースワーカーによりますが」

ゆみさん：「そうなんですか？　でも学資保険は？」
わたし　：「名義はどなたですか？」
ユミさん：「わたしです。夫に内緒で入りました」
わたし　：「現時点で解約返戻金はどのくらいになっていますか？」
ユミさん：「一五万円くらいです」
わたし　：「学資保険の解約対象になるのは、五〇万円以上解約返戻金がある場合です。あとは、保険料がとても高い場合。現時点では、仮にユミさんが生活保護申請をしたとして、その後自立をした際に、すべての保険を解約してしまっていたら、また困ることが出てきますよね？　そういったときに備えて、ある程度の保有の容認があるんです」
ユミさん：「全然知りませんでした」

ユミさんのように、生活保護制度について、誤った知識を有している人は依然多い。いや、ユミさんだけでなく、福祉の関係者や場合によっては地区担当員までもが誤った知識を持っていることさえある。よく聞く誤解は、生活保護を受けると年金をもらえなくなる／生活保護を受けると生命保険をすべて解約しなければならない／生活保護を受けると仕事をしてはならない／生活保護を受けるとテレビやエアコン、パソコン、携帯電話を処分しなければならない／生活保護を受けると飼っているペットを手放さなければならない／生活保護を受けるとレシートを見せなければならない
こういった誤解が、生活保護に対するスティグマとともにまことしやかに語られている。このような

認識を少し変えるのもをわたしの仕事の一つだと思っている。

わたし　：「ユミさんは生活保護は嫌だとおっしゃっていますが、もしかしたら、生活保護について誤解があるかもしれません。一度生活保護制度の説明をしてもいいですか？」

ユミさんはうなずいた。正しい知識の元で、選択肢を提示することがユミさんには大事なことのように思われたからだ。わたしは、生活保護の制度体系について説明を行った。必要に応じて、面接相談専門の職員に説明を依頼することもある。同じ情報でも、だれが伝えるかということによって入り方が違うことがあるからだ。ユミさんには、わたしから、他法他施策の原則、特にユミさんが心配している資産の活用のところを丁寧に伝えた。もう一つ、多くの人にとってのハードルは、扶養照会だ。ユミさんはこれにも抵抗を示した。また、生活保護を受けるにあたっては、婚姻関係が継続しているということも一つの障壁になると思われることを伝えた。

ユミさん：「父のドヤ顔が浮かびます。やっぱり駄目です。もう少し頑張ります」

わたし　：「わかりました。じゃあ、約束してもらっていいですか？　いざというときは、わたしが頑張りにストップをかけます。ユミさんとショウタ君の心と体を守ることが難しくなった時には、ストップをかけます。正直なところ、一度生活保護を受けるとそこから安心して立て直しができるということ、ぎりぎりの状態を綱渡りで、立て直していくというのは相当きついということから、生活保護を勧めたい気持ちはありますが、もう少し頑張ってみたいということであれば、その方向でプランを立てましょう」

次の選択肢だ。「もらう」ということについて。お金をくれる相手というのは限られているが主に親族だ。祖父母、親であれば無条件に「くれる」ということがあるが、ユミさんの祖父母はすでに亡くなっているようだったし、聞く限りでは親からの援助も難しい。通常は難しい「きょうだい」という選択肢がユミさんにはあるが、それよりも前に強い義務関係で、ユミさんにお金を渡さなければならない人がいる。夫だ。成人した子と親については、余裕があるときにのみ援助をするという比較的弱い義務関係（生活扶助義務関係）が定められている。一方で、夫婦の場合は、ひとかけらのパンや肉までも分け合わねばならなという関係（生活保持義務関係）であるとされる。ユミさんのような状況の場合、「婚姻費用」として収入に応じて一定の生活費を渡す義務が夫にはある。また、ショウタ君は夫の子でもあるから、そこにも生活保持義務関係が存在している。法的にも、また一般的にも、そして経緯からもユミさんは「強い態度で夫に婚姻費用を今すぐ振り込むよう伝えるべき」である。

わたし　：「ご主人には、婚姻関係が継続している間はユミさんとショウタ君に生活費を渡す義務があります。昨日のお話を聞くかぎりでは、わたし個人的にもご主人にもきちんと責任を持ってもらいたいなと思うんですよね」

正直、ユミさんが言っていることに偽りや誇張がなければ、わたしはユミさんの夫のようなタイプの人間が大嫌いだ。少しは自分のしたことについて、省みる機会があってほしい、とか、まるで水戸黄門のように、勧善懲悪ならぬ「婚費懲悪」（筆者による造語）にて懲らしめたいところだ。アイちゃんと浮かれさせてたまるかと思う。

わたしたちの中には、こういった「正義感」のようなものがある。アンパンマンに始まり、プリキュア、レンジャーもの、と幼少期は、単純な「善」に心酔する。大人だって水戸黄門、暴れん坊将軍、遠山の金さんは、ストーリー構成がほぼ一緒なのに根強い人気があったし、今だにテレビの中の刑事は、事件発生から一時間四五分後くらいに、無事に犯人にわっぱをかける。そういったものをみて「スカッと」する。

最近わたしはテレビを見ないが、若者のテレビ離れと同時に勧善懲悪ものもずいぶんと減ったように思う。似たような「悪」がはびこるドラマはあるが、救いようのない感じの終わり方をするドラマも多い（悪が滅びない）。その代わりといっては何だが、大きな事件が起こると必ずと言っていいほど「ネット私刑」が横行する。これはよろしくない傾向だと思うのだが、目にするたびに、「悪を滅ぼしたい正しい自分」を必要としている人が多いと痛感する。

わたしにもそういう感覚がある。正しくないと思っていることを目にするたびに文句を言ってやりたい気持ちがわく。否定したい気持ちがわく。わたしはユミさんの夫に対して、「懲らしめてやりたい」「文句を言ってやりたい」気持ちを持った。そして、それは世間一般の感覚からもそう遠くないだろうし、懲らしめるかどうかは別として、婚姻費用という義務を遂行するのは、法的にも根拠のあることであるので、真っ当な提案でもある。

ユミさん：「え……？　あ……、はい……そうですね」

わたし　：「……？」

ユミさんの端切れが悪い。ここは女二人、意気投合して、やれやれーとなる展開にもなりうるが、違う。ユミさんは明らかに「気が進まない」様子だった。

わたし　：「ご主人とは、今は連絡は取っていますか？」

ユミさん：「え……いや……いえ」

ユミさんの中に間違いなくこの提案に対するためらいがある。そこで、わたしはユミさんの世界に少しお邪魔させてもらうことにした。

わたし　：「正直、今はご主人を刺激したくないっていう気持ちがありますか？」

ユミさん：「はい」

今度はよどみない。これは本心だ。じゃあ、さっきのは、「提案を無下に断らない遠慮」だ。

わたし　：「ですよね～。ご主人から連絡をしてくることってあるんですか？」
ユミさん：「あります。どの面下げて、と思うんですけど。メールだから面じゃないか」
わたし　：「今更何よ的な？」
ユミさん：「そうそれ。あと、あんな奴に頭下げてお金もらうとかほんと悔しい」
わたし　：「うんうん。これまでも生活費を上げてほしいって言ったときに、いやなこと言われたっておっしゃってましたもんね」
ユミさん：「フラバ？　っていうの？　なんかあの時のこと思い出すと頭がふわふわする」
わたし　：「今も？」
ユミさん：「はいちょっと」
わたし　：「……完全にアレルギー反応みたいになってますね……でも無理もないと思います。渦中にいるときは、無になっていたようなところがあったけれども、いざ離れると、いろいろと思うところも出るのだと。それはね、わたしはいいことだと思っています。体は心配だけど、ユミさんが自分の感情を大事にするための第一歩かなと思うんですよ」

ユミさんからは明確な拒否がでづらい。こういった相談のとき、わたしは表情や声のトーン、間合い、目の動きなんかを見ながら微修正をかけていく。ちょっとでも引っ掛かりを感じると、少しだけ立ち止まる。

こんな経験はないだろうか。初めは少しだったズレが気づくと決定的な違いになっている、ということが。斜めになった道、時計の針、ミシンの直線縫い、歯車、などなど。支援においては、絶対的な権力差が発生する。だから、通常対象者は思っていることをなかなか表明できない。表明できる人もいるが、できないということを前提に置いたほうが安全だ。特に困窮領域においては、相談の結果が命に直結する。命を丸ごと相談員に預けるような場面で多くの人はこちらの意向をくんで合わせてくれる。

しかし、本人たちの思いやこだわりが、想像を超えるところにあったりすることやそれに折り合いをつけていく過程が乱暴だと傷つくことを、わたしはノボルさんやイワシタさんやその他大勢の揺さぶり系の利用者さんから教えてもらってきた。服は絶対にブランドものじゃなきゃ嫌だと喚いたお客さんもいたが、できるかできないかは別として多くの人が制度ではカバーしきれないかもと諦めているニーズをもっている。わたしの仕事は、できるできないは別にして、本人の思いやこだわり、希望をきちんと聞くことではないかと思っている。

ユミさんのような相談者は、支援に乗りやすいタイプ、などと言われるが、本人が折り合いをつける過程を踏まずにレールに乗せる支援が良いとはわたしには思えない。きれいにはまとまるかもしれないが、良い支援だとは思えない。ただし、本人の気持を聞いていく中で、正直に言うと、頼む、対応できないこと言わんでくれよ、と思う気持ちもある。うな重を買ってきてほしいといわれた時は有無を言わさず断わったが、微妙なラインの、気持ち的なものはよくわかる、ということについては、なかなかニーズに触れたくない。触れずに済むなら触れたくない、と思う気持ちはよくわかる。が、それはただ単に、じゃあどうするか、ということに向き合う勇気や、それでも支援できるという自信や、折り合いをつける過程に付き合う覚悟が足りない、もしくは出し惜しみする、という点で、やはり支援者の側の問題だと思う。

こうやって、ユミさんと話をしていったのだが、わたしはここで強く婚姻費用にこだわるとユミさんはこなくなるかもしれないと感じた。まずは法テラスにいってもらいカードの支払いの督促を止めること、週払い可の仕事探し、もしくは貸付を利用しながら、介護の資格をとること（※都内の独自事業）、つまり、負債の整理と就労活動の二本柱を優先することにした。

●「つなげる」を掘りさげる

さて。ここからはつながなければならない。複数課題がある場合、それぞれの課題に対し、専門領域がある。つなぎ先は法テラス、就労支援やハローワーク、そしてそれらを総合的に見てくれる母子相談員である。必要に応じて、もっとつながなければならない。言うまでもなく、法テラスに行ってくださいと、声をかけるだけではつないだことにならない。なんのためにつなぐのかと考えた時、問題解決につながることが目的なのは明白だ。つながる、というのは情報提供ではない。情報提供だけで確実に問題解決の道筋を歩んでいける力が残っていなければ、つながらない。

法テラスにつながるまでには、いくつもの簡単ではあるが気が滅入っているときにはおっくうになるような段取りがある。例えば、法テラスは「予約」の電話が必要だ。何か所かある法テラスから自身がアクセスしやすいところに電話をするという作業が第一関門だ。しかし、まず子育て期において、落ち着いて電話をする環境そのものの確保が難しい。普段何気なく行っていることが、大きな「仕事」になる。しかも予約、となると、日程を決めなければならない。明日でいいかな、が続き結果そのままになってしまう。誰の手も借りられない子育てには、そんな苦労が付きまとう。そうしてやっと取れた予約さえも、子供の熱発などで不意になってしまうこともある。次の関門は電話ができたとして、何をどうやって切り出せばよいのかということだ。相手も慣れているので、電話さえしてしまえば、回答していけばよいのだが、自身の状況を整理しなければならないという気持ちは、いろいろなことを億劫にさせる。そして、当然精神的な葛藤や不安、そもそもの対人コミュニケーションへのエネルギー使用の割合など、「たかだか電話一本」が結構なハードルなのだ。ここら辺について、特に抵抗がない人も多い一方で、電話というツールは相手の顔が見えない分苦手という人は結構多い。

次に、当日。まずは法テラスまでいかなければならない。人によっては、電車やバスに乗ること自体が難しいこともある。また、行って窓口でなんと声をかければよいのか、とか、怒られやしないだろうか、とかそういった不安を抱えながら、出向くこととなる。そして、次の関門。弁護士さんと話をするわけだが、弁護士さんは福祉職ではないので、その言葉のわかりやすさは、人それぞれだ。では、○○と××を持ってきて下さい、と言われてもよくわからないこともあるし、専門用語で説明をされてしまうとわからないこともある。実際、同行者としてわたしがついていっても、よくわからないことがある。よくわからないとき、わたしは「それは○○ということですか?」と聞くことができるが、自分が当事者の立場で同じことができるような気はしない。また、背景についてうまく説明ができないと、例えば「自己破産ではなく、返していける金額ですよね、まだ若いですし」と言われるようなこともあり、「はい」と言ってしまうこともある。

記録にしてしまうと「負債があるため、法テラスにつないだ」という簡単な一文になるが、そこには、本人の状態や能力、本人の世界の中で「障壁になりうること」を考え、そこを補いながら、問題解決の道筋をたどれるように付き合っていく割と丁寧なプロセスが必要になる。そうして、初めて本人が「つながり」、本人の世界の中に、「法テラス」が現れる。ユミさんの場合、ほかにも子育て支援の主管課や、医療機関、ハローワーク、場合によっては生活保護など、いろいろな機関や制度につながっていくことになるし、つながったほうがユミさんの生活はよくなるように思われる。そのすべてにおいて、「しっかりとつなぐ」ということが欠かせない。

ユミさんには、圧倒的に自信がなかった。電話はできるということだったが、法テラスに行くということにはいくつかの障壁があるようだった。ユミさんはわたしにこういった。「法テラスに行ったらなんていえばいいんですか？」「怒られたりしないですか？」。人間は、だれしも、初めての場所に対する不安を抱く。そして自身に後ろめたい気持ちがあれば、「怒られるのではないか」と不安に思う。実際に福祉職をはじめとする専門職の面々で、ごくごく「常識的」な意見を持っており、それを口にしてしまう人もいる。それが社会の常識なので、そういったものから本人を守り続けることはできないが、自身で闘える力が戻るまでは、少しばかり守っていかねばならないこともある。

例えば、「あなたが夫を怒らせたんじゃないの？」「ＤＶねえ。最近多いんだよね、そうやって言って実は詐称っていう人」。これに対し、渦中にいる人はなかなか言い返すことはできない。上記の二フレーズは、実際にわたしが同行の現場であった言葉である。とても良い専門職が多い一方で、言葉のとげが毒々しい人もいることは確かだ。もちろん、専門職だけではなく、社会のものの見方は時としてナイフのように突き刺さることがある。

できればそういったことは安定した生活を送れるようになるまでは避けて通りたい。言葉は、時に人を死に至らしめることもある。どんなに、「そんなことで死ぬほうが弱いんだ」と言っても、現に死んでしまうのだから、どうしようもない。そういう意味で、福祉もだが、その周辺領域である専門職にも福祉的な知識や技術を一度は学んでほしいと思ったりする。本人が許せば、わたしは事前に本人の状況をある程度伝えておくことにしている。そしてここからは専門職同士の話ではあるが、ある程度の見立ても伝える。今この人にとってどのような言葉が刃になるのか。何を必要としているのか。それを踏まえ、本人について深い理解をしたうえで発する叱咤激励については、おそらく刃になることは少ない。状況を丁寧に伝えると、多くの人が「人として」理解をし、刃をいったん引っ込めてくれる。もし、それでもどうしても、刃を向ける人がいるならば、その時は本人のフォローにまわる。そうやってまずは、「安心して」「とがめられるかもという不安なく」問題解決をする場にたどり着くということをしてもらいたいと思っている。

甘すぎるだろうか。社会にはいろんな人がいて、本人の生き方を肯定的にとらえられない人もいる。悪口も、冷たい言葉もごまんとあふれている。だから、本人を守りすぎることは、本人から力を奪うのではないか、と。確かに何もできなくなるのは困る。力を奪うのは支援ではない。だから、引き際みたいなものも必要になるのだが、そもそも人は甘やかすと何もできなくなるのだろうか。

何か事件が起こる度に、福祉、は甘い、もっと厳しく指導するべきだ、と批判にさらされる。甘やかされて育ったからこうなったのだ、今の子たちは甘やかされてきたからこらえ性がない、とか。わたしはこれについては、感覚的にNOととらえている。こらえ性がない甘やかされ方、は甘やかしとも少し違う。無関心に近いのだと思っている。人は適切に甘えられる場所があって初めて力を持つことができる。先に書いた愛着の話同様だ。安心感があってはじめて力がわく。人は頼っていいものだ、見捨てられない場所がある、というのは、その後の問題解決に大きな力となる。社会に出ればごまんとあふれる「正論のナイフ」。それをわざわざ支援者が突き立てる必要などない。正論が正しいということは多くの対象者がわかっていることで、でもそれができないから苦しいのだ。

●つなぐ

そうして、わたしは、ユミさんの法テラス行きにくっついていくこととなった。待ち合わせは駅。そこでわたしは、ユミさんの抱えるほほえましいが現実的にはしんどいハードルに出くわすこととなる。

「あれ乗りたい」

ショウタくんだ。それは特急あずさの新型車両。残念だが、特急あずさは予約してある法テラスとは逆方向に走っていく。いや、それ以前にあずさに乗る金銭的余裕もない。かなり多くの親が、この時期の移動には様々な形での困難を伴う。それが子供というものだ。けれども、借金があって、予約してある法テラスに向かうというミッションの中では、精神的なものも含めて非常に大きな障壁となる。ユミさんはショウタくんを必死でなだめている。ちなみにわたしは保育士ではないので、子供とのかかわり方については、わが子が小さかったころを思い出すより仕方ない。四歳の男の子と言えば、我も強く、電車や車に強烈にひかれる年代だ。実に懐かしい。そう思えるのは、わが子がすでに一四歳になっているからだ。当時のわたしはやはり、泣かれると焦ったものだし、焦るから対応がうまくできなくてよけい泣かれたものだ。今は「余裕」だ。

ショウタくん：「乗りたい乗りたい乗りたい乗りたい」
ユミさん　　：「今度ね。今日はダメだよ」
ショウタくん：「のーりーたーいーーーー。ぎゃあああああ。うえええええ」

良く見る光景だ。ほほえましいが、そうも言っていられない。今日はショウタくんのためのお出かけではなく、債務整理のためのお出かけなのだから。ショウタくんが気持ちが良いほどの泣きっぷりなので、わたしは後ろにまわって後ろから口をポンポンポンとたたいた。泣いている子供がいたらぜひ試してみてほしい。誰もが一度くらいは、扇風機の前で「ワレワレハウチュウジンダ」とやったことがあるのではないだろうか。あの音の感じは子供の興味を引き付ける。「あわわわわわ」という音にショウタくんがきょとんとなった。わたしはショウタくんに尋ねる。

「ん？　もう終わり？」

きょとんとなったショウタくんは我に返りもう一度「ぎゃあああああ」と泣き出した。またポンポンポンとたたく。「あわわわわわ」。

焦っていたユミさんが笑う。わたしも笑う。ショウタくんはもう一度きょとんとなる。もう少しだ。


「もっかい」

「わーーーー」


ショウタくんのトーンが下がった。絶望の泣きから、「あわわわわ」を聞くための声に変った。


「面白いねえ。いろいろな音でやってみようか。今度は小さな声で」

「はわわわわわ」


こうしているうちに、特急あずさはショウタくんの目の前から消えようとしていた。なんだかだましたようで悪い気もするので、泣いてもいいかと思いつつ、

「あ、ショウタくん、特急行っちゃうよ。今日は乗れないね。バイバイしよう。」

そう伝えてみた。ショウタくんは、もはやあずさはどうでも良いらしく「あわわわわ」をやっていた。

そうして何とか、目的の場所までたどり着くことができた。こういうやり取りを親が日々丁寧にやるには限界がある。親ではないわたしができることの一つだ。ちなみに「あわわわ」がダメだったときは、また別の手を考えていた。

法テラスでは、まず受付が鬼門だ。受付で、「予約している〇〇です」と声をかける。法テラスの受付は、窓口にいつも人が立っているので、すぐに気づいてくれるが、機関によっては、結構大きな声で「すみません」と声をかけないと窓口に人が出てこないようなところもある。ちなみにわたしが住んでいる自治体の窓口はすぐに気づくどころか、結構な勢いで近寄ってきて「今日のご用件は」と「詰め寄る」ような（少なくともそう感じる）感じで、わたしは苦手だ。詰め寄るような勢いでなく、声をかけなければ気づかないほどではなく、程よい窓口があると良いと思うが、このあたりはセンスなのだろうか。

受付を済ませると、申込書を記入する。多くの人にとって「申込書の記入」というのは普段やる機会が少ない。よって書き方に躊躇する人も多い。また、「間違ってはいけない」と緊張する人も多い。ユミさんもその一人だ。ユミさんは一つ一つを丁寧に書きながら都度「ここは住所を書けばいいんですか?」「住所は東京都から書けばいいんですか?」と聞いてきた。それは、間違ってはいけないという思い以上の「不安」の表れでもあるように思えた。

わたしたちは、日常生活の中で多くの「難しいこと」をこなしている。この仕事をしているとつくづく思う。そして、人は弱ったとき、そして障害を持った時、病気になったとき、「できない」ということが出てくることを実感する。わたしは障害の社会モデルという考え方をずっと追いかけてきている。人は、生まれながらにして障害者なのではなく、健常者を中心として設計されている社会こそが障害を生み出しているとするその考え方を、当事者運動のアルバイトの中で叩き込まれ、修士論文もそんなテーマで書いたわけだが、生活困窮の現場に来て、本当に実感するようになった。

わたしたちは朝起きてから夜寝るまでに実にいろいろな能力を使う。朝定時に起きる。そこで子供に弁当を作り、ペットに餌をやる。時間を見計らって子供を起こし、「電車に間に合う時間」に家を出る。電車に乗っている間はマナーをそこそこ守り、女子高生のポニーテールが顔面に当たっていても、殴りかかるようなことはしない。職場もよりの駅で降りることができ、人混みの中を移動することができる。乗り換えが必要だが、乗り換えることもできる。スイカやPASMOの使い方を知っており、定期を購入することもできる。ちょっとコンビニによるという判断をすることができ、コンビニで自身が所有する金銭と商品を交換することもできる。ポストに届いている郵便物について、それが何かであることを知ることができ、中身を理解し、対応が必要なものについては対応することができる。幾多の能力を使いながら、安定した生活を営んでいる。

これが朝起きる能力を失えば、その後一日の流れは大きく変わる。弁当を作る気力や能力を失えば、子の昼ご飯について、ほかの手段を考えねばならなくなる。子の学校には給食制度があったり、「買い弁」という仕組みがあるが、給食制度は急な寝坊には対応していない。よって「買い弁」という選択肢が残されるが、それは、それでコストがかかる話でもある。弱っているときは、そんなことが考えられなくなってきてしまう。そうして、何かが「できない」という状態が発生してしまう。

わたしはこういう状態について「環境と特徴の乖離や齟齬」という表現を用いてる。「できなさ」は環境と個人の特性の間に発生するものであるから、環境が変化していなくても、「特性」を構成する能力が低下した状態下においては、個人と環境の間に乖離や齟齬が起こり「できない」という状態が生じる。それが続くようであればそれは「障害」と認識されるものなのかもしれないが、人は「困窮する」

という状態だけで、能力低下を起こすことがあるので、まずは、自分がそこを「埋める」「つなげる」役割になってみるということだ。ここでもわたしは「わたし」を道具として使う。

ユミさんはこうやって、法テラスに「つながった」。幸いユミさんの担当になってくれた先生は、とても温和で優しいおじいちゃん先生で、ユミさんは、次の相談から一人で法テラスにいけるようになった。さらにありがたいことに婚姻費用の請求と離婚手続きも弁護士さんがやってくれることになった。ユミさんははじめは抵抗していたようだったが、夫との交渉はすべて弁護士さんがやってくれるということで、ようやく首を縦に振った。

わたしはユミさんにこういった。

わたし　：「ご主人に婚姻費用を出してもらうの、大丈夫です？　気持ち的に」

ユミさん：「正直ちょっと不安や悔しさはあります。でも、弁護士の先生が窓口になってくるっていうし、山岸さんもいるし、なんかあっても大丈夫かなって。あと、あれからいろいろと考えて、それから債務整理のために法テラスに行ってみて、山岸さんからも弁護士の先生からも、あなたは悪くないよって言ってもらえて、やっぱり夫に腹がたってきてこのまま終わらせてたまるかという気持ちになってきたんです」

わたし　：「そうですか。良かったです。力、出てきましたねえ」

ユミさん：「そうですか？（笑）」

わたし　：「そうですよー。まあ、でも、ご主人もいきなり弁護士から連絡が来たら、それなりに反応してくるとは思うので、何か苦しくなるようなメールが来たりしたときには、言ってくださいね」

経験上、この手の夫は、弁護士からの連絡に驚き、必ずといってよいほど、妻に連絡を取ってくる。それも言葉巧みに。「俺だけが悪いんじゃない。お前も悪かったって言ってやる」とか「子供のためにこういうのはやめておこうぜ」みたいなものとか。長く、心理的に支配下に置かれていると、こういう連絡に対し、一笑に付すことができず、頭の中は支配され始める。場合によっては、取り下げ、再び支配下に収まってしまうこともある。現実的にはお金が必要なことは確かなので、先手を打ってユミさんに話したのだ。

案の定、ユミさんの元には夫からネチネチとしたメールが届いていた。受信拒否設定ができない携帯電話であったため、あまりにユミさんの精神状態に影響を及ぼす場合は、携帯電話番号の変更も検討しなければならない。それからしばらく、ユミさんはメールが来るたびにわたしの所にくるようになった。「こんなメールがきたんです」。わたしは、ユミさんの頭を支配しようとするメールに対し、ユミさんに代わって一笑に付してみたりしつつ、すべてのメールはなるべく見ずに無視するか、それが難しければ「弁護士を通してください」を定型文として送るように促した。今の状態のユミさんと夫の間でフェアな話し合いなどできるわけがない。ユミさんには確実に共依存の傾向もみられていたので、ユミさんがこちらにメールを見せにくるということは、断ち切りたいという気持ちの表れでもあり、でもやはり支配されている、気になるという気持ちの表れであるようにも思えた。わたしはユミさん自身を否定しないように注意を払いながら、しばらく「メールを一緒に否定する」ということを続けた。夫は一週間ほどであきらめ、メールを寄こさなくなった。

こうして、ユミさんは少しずつ、自分の人生を取り戻す過程を踏んでいった。ほかにもやるべきことはたくさんあり、わたしの支援は続いた。母子相談、ハローワークの母子窓口などつなぐこと、日々の精神的なサポート、弁護士と進めている債務整理の手伝いなど。しかし、つながり先が増えるにしたがってわたしがユミさんにべた付きする必要がなくなった。ほかの支援者と行動を共にする機会や、一人で行動する機会が増えてきた。これは正しい支援の在り方だと思う。はじめは毎日のように来ていたユミさんも、初回相談から一か月後には、週一回電話が来るかどうか、という形になっていた。それから三か月後。久々にユミさんがやってきた。ショウタ君が大きな声でわたしを呼び出す。

●終結に向ける

「おばちゃーん」

窓口の職員がやってくる。「おばちゃん、呼ばれてます（笑）」。

ユミさんの顔色は良い。就職が決まったという。夫からは月八万円の婚姻費用がもらえている。今後離婚予定であるが、月四万ほどの養育費でまとまりそうだとのこと。保育園の入園と同時に就労も決まり、月一五万くらいの収入を得られそうだという。これに、母子の手当を加えれば何とか生活は回るだろう。「都営住宅に申し込もうと思うんです」とユミさんは言った。「いろいろと調べたら、やっぱり都営住宅が良いかなって」。自身で調べてつながろうとする力もできている。保育園の先生、母子相談員、ハローワーク、弁護士。いろいろな人につながった。そのどれもがフォーマルな制度だ。しかし、彼女は、フォーマルな制度にしっかりとつながったことで、「就労」につながることができた。夫とショウタくんだけの世界で生きてきた彼女が、困難に見舞われ、そこから抜け出す過程で、わたしを道具として活用しながら、制度につながり、社会とつながる道をつかんだ。これがわたしの支援の終結を意味する。これから、彼女は、フォーマルからインフォーマルなつながりにその関係性をシフトしていくことだろう。わたしは、支援前－支援開始時－現在のエコマップを書いた。私的な資源から公的な資源が増加している。そして生活が落ち着く未来では、彼女であればまた私的資源が増えていくのだろうなと予想した。彼女の行動力や能力であれば、恒常的に公的資源を必要とする状態が良いとは思えない。

ショウタくんが教えてくれた。「昨日ね。ホットケーキ食べれたよ。今度、保育園のケイちゃんも食べたいっていうからね。それでね、あのね、ケイちゃんを家に呼ぶことになったんだよ」。ショウタくんの世界も、無事に守れ、そして広がっていこうとしている。この日、わたしは支援終了に向けて次のような記録を書いた。

主及び主の長男が来所。主の表情はよく、生活が安定している様子がうかがえる。長男についても特に問題なし。主からは、夫からの婚姻費用が振り込まれている旨の報告があった。月八万円とのこと。なお、〇〇弁護士が、離婚に向けた準備を手伝ってくれているとのことで、離婚も近いうちに成立の見込み。離婚後は養育費四万円とのこと。慰謝料もあわせて請求予定。離婚後の手当については母子相談員が相談に乗ってくれるとのことであるが、満額の支給になる見込み。債務についても弁護士が手続きを進めており、現時点で返済なく、催促も止まっている状態である。

主より就労決定した旨の報告がある。長男は〇月より保育園に入所しており、主は〇月〇日より、週五日間の就労を開始予定。社会保険あり。契約社員であるが、今後正職員への登用可能性あり。月一五万程度の収入になる見込み。最低生活費は超える見込みであり、困窮状態は脱すると思われる。今後は、職場定着及び心身の状況確認が必要と思われる。また、都営住宅への申し込みの希望もあるが、職場定着、健康状態の確認を含め、母子相談員が引き続き支援にあたるとのこと。当機関の支援は終結に向けていくこととする。

わたしから離れていく。それがとても大事なことのように思う。多くの人は「困った状態」を抜けると相談には来なくなる。それでよい。「支援」という一点を通して、つながっていた関係なのだから、支援が必要ない状態になったのであればそれでよい。わたしはわたしの、ユミさんはユミさんの世界にまた戻っていくだけだ。こうしてわたしはひとつの相談を終える。

おわりに

ユミさんの支援過程は実際はもっと行きつ戻りつだ。でも、それでよい。振り回されながら、一緒に知恵を絞り、世界を共有し、またそれぞれの世界に戻っていく。それでよい。他者の世界にかかわるというのは、「振り回されること」でもある。しっかりと振り回されることが必要な気がする。思い通りに事を運ぶことに、何の魅力もない。

おりしも、この原稿を書いているときに、川崎で「ひきこもり」とされている人による殺傷事件が起こった。世間は何か重大な事件が起こったときに、不安から「理由」を欲しがる。「説明」を欲しがる。それ自体は自然なことかもしれない。ただ思うのだ。どんな人にも「世界」がある。病名やラベルはその人の「世界」を構成する一つに過ぎない。病名やラベルを知って、わかったような気になったとき、「個」としてのその人は社会的に死んでしまうような気がする。

わたしの世界に対象者が現れ、対象者の世界にわたしが現れる。その世界の接点でわたしは仕事をしている。相手はわたしの世界を知らないので、わたしはわたしの世界を引っ提げてご挨拶する（自己開示といってしまえば非常に簡単だが）。うつ病だろうが、高齢者だろうが、母子家庭だろうが、このマイルールには変わりない。ニーズはいつも、本人たちが教えてくれる。もちろん、社会的に正しいとされることが表明されるわけではない。刑務所に入りたいという人だってかなりいる。そういう「言葉」になったニーズではなく、世界を共有させていく中で浮かび上がっていくニーズのようなものが必ずある。

わたしがきちんと彼らの世界に入り、耳を澄ませることができれば、聞こえてくるのだ。そうしてわたしからは、言葉、が生まれる。生まれる言葉に意図も嘘もない。すごいなと思うからすごいですね、という。それだけだ。もっと知りたいと思うから、「人間」についての哲学的な知識を得たいと思う。折り合いをつけていく社会がどのようであるか知りたいから「社会」についての知識を得たいと思う。対象者の幸福がどういうものであるかを考えたいから、いくつもの幸せの形を構想し、必要なものを描いてみたりする。

坂下課長から変態と言われて八年経つ。未だに、当時の仲間はわたしを変態だと思っているだろう。そしてわたしは変態と呼ばれることがさほど嫌ではない。振り回されながら相手の事を知っていく過程は変態に見えようがMっぽく見えようが、わたしにとって常に新しい扉を開く感動があるからだ。阿部謹也氏の著作『自分のなかに歴史をよむ』に文中で触れたが、この中の一つのフレーズがずっとわたしの頭の中にある。

「わかるとはどういうことですか？」

わたしは対象者のことを「わかりたい」し、ソーシャルワークが何かということも「わかりたい」。

さて、冒頭の問い
わたしはなんの仕事をしているのか。

やはり、ソーシャルワークの仕事をしているのだと思う。

では新たな問い
わたしはソーシャルワーカーか。

そしてその答え
わたしはソーシャルワーカーになりたい。

わたしは変化する。今日から明日にかけて劇的な変化を遂げることはないが、たくさんの人との出会いを通して、少しずつ広がったり狭まったり色彩を帯びていくわたしの世界からわたしは物を見る。きっと一〇年後、違った世界があるのだろう。そこからみる他の人の世界もきっと変わっている。わたしは今のわたしがやろうとしているソーシャルワークのことしか書けない。

出会い続けること。
それがソーシャルワーカーになるために必要だと思う。

だから、出会い続けるわけだけど、どこまでいっても出会いは終わらない。

この文章を書くにあたって、これまで幾度となく当事者性を帯びた自分や対象者からつきつけられる形で向き合ってきた自分を、もっと落ち着いた形で見てみたくなり、母がつけてくれていたわたしの育児日誌を開いてみた。

母の記録には三歳のわたしについて、こう書いてある。

倫子、察知して機敏に動くのが得意。お父さんが風邪気味だと言っているのをじっと聞いていた倫子がすかさず隣の部屋へ行き風邪薬を持ってきた。

三歳のわたしは、なぜそのような行動をとったのだろうか。もはや、三歳からソーシャルワーカー目指してました、とも思えるエピソード。

三六年ほどたった今、わたしはどんな風邪薬を運べているだろうか。そしてその風邪薬は、きちんと届けられた人の苦痛を和らげているだろうか。そして、今後わたしはどんな風に変化し、どんな形で風邪薬を届けることになるのだろうか。

静かなワクワクとともに、ソーシャルワーカーへの道はまだまだ続いていきそうだ。

あとがき

ソーシャルワークとは一体何をすることなのでしょうか。タイトルで問い、まえがきで問い、それぞれがそれぞれの文章の中で問い、あとがき、でもまだ問うています。

良いものと悪いもの、それを簡単に判定できるほど社会は単純ではなく、少なくともわたしや芦沢君に「良いソーシャルワーク」と「悪いソーシャルワーク」を判定できるということもないのだけれど、なんとなく、そろって「良いソーシャルワーク」をしたいという思いがあり、少しでもそれを言葉にしたいという思いで、本書が出来上がりました。

わたしはわたしとの対話を、芦沢君はケイコ先生との対話を通して、ソーシャルワークを構成するものを一つ一つ掘り下げ、問い直していく、いわば「自己との対話」が本書の中心をなしています。わたしは、芦沢君よりも遅いペースで書き始めたことで、芦沢君から一章送られてくるたびに一章書くというスタイルになりました。そんな感じの繰り返しだったので、そこにも対話の様相が出ているはずです。

福祉というのは社会を良く現わしています。福祉の成り立ちを考えると当然のことではありますが、特に、「福祉国家」である以上、そこには市場や経済と連動する形で、構造的にとらえねばならない問題がたくさんあります。

戦争で日本が焼け野原になり、稼ぎ手を失った人がおり、親を失った子がおり、身体の自由を失った人がいました。高度経済成長に伴い、地方からは集団就職でたくさんの人々が上京しています。日本は目を見張る速度で豊かになっていき、バブルまで工場を経営していた知人はこんな風に言っていました。「俺、すっごい大金持ちになると思ってた」。

バブルがはじけて以来、経済はパッとせず、わたしたちはいろいろな「社会問題」を目の当たりにしてきています。その中に、「困窮」があるし、そうやって出来上がった「困窮」や「困り事」は決して簡単に解決できる種のものではないのだと思わざるを得ません。いわば「困窮」や「困り事」も、それを抱える個人や個人をはぐくんできた社会の歴史を身にまとっています。難しいのです。「お茶」と言われてお茶を出すような、そんな対応では決してたちゆかないのです。

わたしたちは、社会問題がある限りは、対応を続けていくのだろうと思います。一方で、「社会」もまた対応しようとしているわけです。ここ数年「わがこと丸ごと地域共生社会」という言葉を聞きますが、生活困窮の現場に「ひきこもり」対応を盛り込み、地域で支える、ということが言われていたりします。地域で支える仕組みづくりが推進されています。それ自体にあまり異論はないのです。最終形はやはり「地域」になるのかもしれません。でも、わたしはこうした動きの中で、わたしたちはどこを向いて仕事をするのか、誰のためのソーシャルワークなのか、誰から出発しているソーシャルワークなのかということがすごく気になるし、本人抜きにして地域は耕せないと思ったりするのです。そうして、地域を耕す前に、本人にきちんと向き合えるソーシャルワークが必要だと考えるわけです。

はじめに、にもあるように、先人たちは、サービスを作り出すという形で、今の福祉制度を切り拓いてきました。その結果、サービスを組み合わせれば何とか生活できるという人も増えてきたように思います。本人たちに力があるのであれば、それでも良いのだと思います。では、そこに「人」が介在する意味は何なのでしょうか。また、昨今の流れとして地域の社会資源の開発が強くうたわれていますが、地域を耕したが、肝心の対象者が出てこないという話も聞きます。わたしたち、「人」にできることは、いったい何でしょうか。

こんな時代だからこそ、ソーシャルワークとは何か、誰の立場で何を進めるのか、国の流れの中で自身がどうふるまうのかというバランス感覚を求められるソーシャルワーカーの育成が必要ではないか、そんな思いがあります。

本書は、ソーシャルワーカーになりたいと願う芦沢君と山岸という二人の支援者を対話を通して解体するといういわば解体新書のようなものです。支援の過程を通して、わたしたちは、徹底的に自己を「道具」として活用するために、自己との対話を続けました。これを読んだ方々が、自らの実践をどのように位置づけていくかということは、読んだ方々にゆだねられますが、やはりたまには、自身の実践を解体してみてほしいと思うのです。わたしたちは日々、対象者の人生を「解体する」かのような試みをしているのに、自身を解体する機会は圧倒的に少ないのです。またスーパーバイザーに解体してもらうような機会も現状ではとても少ないのではないかと思います。

自分の実践を解体するというのは、決して気持ちの良い作業ではありません。ただ、本書を読んだ方々に望むのは、芦沢君の模倣でも、山岸の模倣でもなく、読んだ方自身の実践の解体であり、自身との対話です。ソーシャルワークとは何かということを、それぞれの立場から一緒に考える仲間が増えると良いなと願っています。

山岸倫子

謝辞

この本を出版するにあたり、何人もの相談者の顔が、エピソードとともに浮かんでいます。私たちは、相談者の方から学ぶことを目的としてはいないものの、結果として多くの学びを授かってきたように思います。そして、その相談者と向き合う私たちは、家族をはじめ、友人、仲間、恩師の方との出会いを通して醸成されてきています。ですから、そのすべての方々に感謝の意を表します。

また、「わたし」と「その人」が関わるというとても小さく、個別的に思えるようなことで構成されたこの文を「個人のつぶやき」にとどめず、「いのち」を吹き込む機会を与えてくださった生活書院の高橋様に心から感謝申し上げます。

芦沢茂喜
山岸倫子

[著者紹介]

芦沢　茂喜（アシザワ　シゲキ）

ソーシャルワーカー（精神保健福祉士、社会福祉士）
第１号職場適応援助者（ジョブコーチ）
国際医療福祉大学医療福祉学部医療福祉学科卒業
東京都立大学大学院社会科学研究科修士課程（社会福祉学）修了
信州大学大学院社会政策科学研究科修士課程（経済学）修了
山梨県内の民間精神科病院等での勤務を経て、山梨県庁に入庁（福祉職）
中北保健所峡北支所、精神保健福祉センター等を経て、現在は峡東保健福祉事務所に勤務

主な著書に、
『ひきこもりでいいみたい――私と彼らのものがたり』生活書院、2018 年
『ふすまのむこうがわ――ひきこもる彼と私のものがたり』生活書院、2021 年など
山岸倫子との共著に、
『ソーシャルワーカーのミカタ――対話を通してともに「解」を探す旅の軌跡』生活書院、2022 年がある

山岸　倫子（ヤマギシ　トモコ）

ソシャルワーカー（社会福祉士）
静岡大学人文学部社会学科卒業
東京都立大学大学院社会科学研究科修士課程（社会福祉学）修了
東京都立大学大学院社会科学研究科博士課程（社会福祉学）単位取得退学
社会福祉協議会で地域活動支援センター指導員補助、生活保護面接相談員を経験したのち、現在は、社会福祉法人新栄会（東京都）にて困窮者支援に従事

主な著書・論文に、
「『障害』の肯定／否定をめぐる論議とピア・カウンセリングの意義」『社会福祉学評論（第７号）』社会福祉学会関東部会、 2007 年
「障害個性論の再検討」『社会福祉学評論（第９号）』社会福祉学会関東部会、2009 年
芦沢茂喜との共著に、
『ソーシャルワーカーのミカタ――対話を通してともに「解」を探す旅の軌跡』生活書院、2022 年がある

本書のテキストデータを提供いたします

本書をご購入いただいた方のうち、視覚障害、肢体不自由などの理由で書字へのアクセスが困難な方に本書のテキストデータを提供いたします。希望される方は、以下の方法にしたがってお申し込みください。

◎データの提供形式＝CD-R、フロッピーディスク、メールによるファイル添付（メールアドレスをお知らせください）。

◎データの提供形式・お名前・ご住所を明記した用紙、返信用封筒、下の引換券（コピー不可）および200円切手（メールによるファイル添付をご希望の場合不要）を同封のうえ弊社までお送りください。

●本書内容の複製は点訳・音訳データなど視覚障害の方のための利用に限り認めます。内容の改変や流用、転載、その他営利を目的とした利用はお断りします。

◎あて先
〒160-0008
東京都新宿区四谷三栄町6-5 木原ビル303
生活書院編集部　テキストデータ係

キリトリ線

【引換券】
ソーシャルワーカーに
なりたい

ソーシャルワーカーになりたい
――自己との対話を通した支援の解体新書

発　行―――― 2020年6月10日　初版第1刷発行
2023年4月20日　初版第2刷発行
著　者―――― 芦沢茂喜・山岸倫子
発行者―――― 髙橋　淳
発行所―――― 株式会社　生活書院
〒160-0008
東京都新宿区四谷三栄町6-5 木原ビル303
ＴＥＬ 03-3226-1203
ＦＡＸ 03-3226-1204
振替 00170-0-649766
http://www.seikatsushoin.com
印刷・製本―― 株式会社シナノ

Printed in Japan

ISBN 978-4-86500-114-3

定価はカバーに表示してあります。
乱丁・落丁本はお取り替えいたします。